Ernst Bleisch

Zum Ring Heinrich Wittenweilers

Ernst Bleisch

Zum Ring Heinrich Wittenweilers

ISBN/EAN: 9783743657267

Hergestellt in Europa, USA, Kanada, Australien, Japan

Cover: Foto ©ninafisch / pixelio.de

Weitere Bücher finden Sie auf **www.hansebooks.com**

Zum
Ring Heinrich Wittenweilers.

Inaugural-Dissertation

zur

Erlangung der philosophischen Doktorwürde

der

hohen Philosophischen Fakultät

der

vereinigten Friedrichs-Universität Halle-Wittenberg

vorgelegt von

Ernst Bleisch
aus Magdeburg.

Halle a. S.
Hofbuchdruckerei von C. A. Kaemmerer & Co.
1891.

Meinem lieben Vater.

Heinrich Wittenweiler's „Ring" hat bisher so gut wie keine Bearbeitung gefunden. Die eingehendste Beurteilung hat ihm nächst Uhland, Schriften VIII 368ff, J. Baechtold in seiner Literaturgeschichte der Schweiz zu Teil werden lassen; ausführlichere Untersuchungen über ihn fehlen jedoch gänzlich. Dieser Mangel mag zum Teil dadurch begründet sein, dass der Ring nur in der schwer benutzbaren Ausgabe von L. Bechstein (Bibl. des Literar. Vereins zu Stuttgart No. XXIII 1851, eingeleitet von A. Keller) vorliegt, deren Text trotz der von Keller in der Vorrede S. IX—XII begonnenen Säuberung noch an einer Unmenge von Fehlern leidet (eine Nachlese s. im Anhang).

I. Person und Heimat des Dichters.
Schauplatz des Gedichtes.

Über die Persönlichkeit des Dichters erfahren wir aus
seinem Werke nur wenig. Seinen Namen nennt er im Ein-
gange; nachdem er seine lehrhafte Tendenz offen ausge-
sprochen hat, schliesst er seine Einleitung mit den Worten:

> Secht er aver ichts hie inn,
> Das weder nutz noch tagalt pring,
> So mügt irs haben für äyn mär:
> Sprach Häynreich Wittenweylär (1ᵈ 11-14).

Aber sein Name ist auch die einzige Angabe, die er selbst
und ausdrücklich über seine Person macht. Ein Urteil über
ihn kann man aus seinem grossen Dichtwerke unter allen
Umständen fällen. Jedenfalls war er ein Mann von viel-
seitiger Bildung, der religiöse, literarische und geographische
Kenntnisse in reicher Menge besass und für sein Dichtwerk
verwertete, andererseits aber auch ein Mann, der über die
mannigfachsten Lebenserfahrungen verfügte, die er seiner didak-
tischen Absicht gemäss dem heiratslustigen Bertschi auf den
Lebensweg als gute Lehren der verschiedensten Art mit-
geben lässt. Dass er aber seinem Stande nach als Geistlicher
zu betrachten sei, ist eine Annahme, die Baechtold
niemanden zutraut und die im Gedichte keine Gründe für
sich findet. Im Gegenteil scheint mir der Ton des Gedichtes
für einen Geistlichen in den grössten Partien zu derb und
ungeistlich, sehr weltlich und realistisch, wenn nicht noch
mehr als das, zu sein. Über seinen Stand aus dem „Ringe"
ein zutreffendes Urteil erweisen zu wollen, ist also nicht
möglich.

Ein besseres Resultat ergiebt die Untersuchung über seine **Heimat**. Für die Beantwortung dieser Frage stehen drei Kriterien zu Gebote. Einerseits bietet der urkundliche Nachweis des Namens Wittenweiler, andererseits der Schauplatz der im Gedicht poetisch verherrlichten Ereignisse und drittens die sprachliche Form des Epos genügende Beweismittel für ein Urteil über des Dichters Heimat.

Seit Keller's Vorgange (Vorrede zur Ausgabe S. V) wurde Wittenweiler in den Literaturgeschichten bis auf Bächtold stets als Baier betrachtet. Die Irrigkeit dieser Annahme hat Bächtold S. 187 ff evident erwiesen. Der kleine Ort Wittenwyl (Wittenwille, Hof des Wito) liegt auf thurgauischem Gebiet zwischen der Zürichergrenze oder der Lützelmurg und der Murg, nordöstlich von Aadorf, und gehört zur paritätischen Kirchengemeinde Wängi oberhalb Frauenfeld (vgl. G. Scherrer. Kleine Toggenburger Chroniken. St. Gallen 1874 S. 119). Dort steht noch das alte Schloss, von dem sich die gleichnamigen Edlen herschreiben; seine Bewohner waren früher Dienstmannen der Grafen von Toggenburg (s. a. a. O. S. 112). Gegen Ende des dreizehnten Jahrhunderts bereits erscheinen in Urkunden Wittenweiler als Vasallen der Grafen von Toggenburg. Überall in den Thurgegenden litt Adel und Volk am Ende des 13. Jahrhunderts schwer unter den Fehden der Äbte von St. Gallen und der Gegenkaiser. Manches Geschlecht verlegte infolgedessen seinen Wohnsitz in die festen Städte; seine Stammburg zerfiel dann oder ging in die Hände anderer Besitzer über. Diese Umstände könnten auch die Wittenweiler aus ihren Wohnsitzen aufzubrechen veranlasst haben (s. Pupikofer, Geschichte des Thurgaues I, S. 183). Im 13. Jahrhundert siedelten sie als Bürger nach dem st. gallischen Städtchen Wyl, später nach Lichtensteig über. Im Wyl ist im Anfang des 14. Jahrhunderts einer aus dem Geschlechte urkundlich in einem Zinsbuche erwiesen. 1320 ist schon in Lichtensteig ein Schultheiss Berthold von Wittenwyl anzutreffen (vgl. Wegelin, Geschichte von Lichtensteig S. 85 und Gesch. d.

Togg. I, 153). Scherrer hat nun in seinem vorher angeführten Buche die Chronik eines Ungenannten, welche die alte Züricher Chronik fortsetzt, veröffentlicht zusammen mit anderen toggenburgischen Urkunden. Diese erwähnen mehrmals Wittenweiler: bei der Morgartenschlacht, in der mit dem Grafen von Toggenburg ein Rudolf Amman von Wittenwil, sein Bruder Ulrich und ein Rudolf von Wittenwil fielen, bei der Kirchhofsweihe von Lichtensteig. Das Fecht- und Jagdbuch eines Hugo Wittenwiler ist ohne Jahreszahl darin mitgeteilt; der Schriftcharakter deutet auf den Schluss des XV. Jahrhunderts. Die Chronik selbst reicht bis zum Jahre 1446; die andern weiter. Für die Zeit, in die für die Entstehung unseres Gedichtes andere später anzuführende Momente weisen, ist ein Heinrich von Wittenwil, genannt Müller, Bürger zu Lichtensteig, 1426 urkundlich erwiesen. In einer Originalurkunde spricht ein Heinrich von wittenwille genant Müller burger zu Liechtensteig über Fischereigerechtigkeit des Herrn von Wengi in der Murg. Dieser Brief ist vom Jahre 1426 datiert und trägt zur Bekräftigung das daranhängende Siegel des Ausstellers. Diese Pergamenturkunde des Stiftsarchivs St. Gallen hat folgenden Wortlaut:

Kundschaft

Jch hainrich von wittenwile, genant müller Burger ze liechtenstaig, Tuon kunt gen allermenglichem mit disem brief, Als ich ze wengi erzogen und geboren bin und mir kuntlich und wissentlich ze sagent ist ob achtzig jaren her, daz ich da sehs Erber und from jungherren und herren geboren von wengi alle sehs liplich gesehen han und dero gedenk. Namlich: jacoben von wengi, Burkarten und hansen alle gebruoder von wengi; und her Rüdgers ains Chorherren zürich, haintzmans und hansen, ouch alle drye gebruoder von wengi und das mir da wolkunt und aigenlich ze wissent ist, das die obgenanten von wengi die vischentz in der murg, von huntzikon dem steg untz Nid haiterschen an die Engi, als man ab der langen egerden in alten halden fert Nid buchlis acker, inne gehept und genossen habint als daz ire. Und

daz sagen ich als by minem Aid und als hoch ich das sagen
sol, niemant ze lieb noch ze laid, denn ploss durch des rechten
willen, daz mir das wol kunt und ze wissent ist, Mit urkund
dis briefs, den ich mit minem anhangenden insigel versigelt
han, uff Sant margrethen abent In dem jar als man schribet
nach der geburt Cristi vierzehen hundert jar zwaintzig jar
und darnach in dem sehsten jar. (Scherrer: S. 127).

Wenn nach dem unzweifelhaften Wortlaut dieser Ur-
kunde Heinrich Wittenweiler sechs Herren von Wengi in
einem Zeitraum von 80 Jahren persöulich gekannt hat, so
muss er spätestens 1346 geboren sein. In Wengi ist er nach
seiner eigenen Aussage geboren und erzogen worden, hat
aber in Lichtensteig als ansässiger Bürger gelebt. Der
bürgerliche Name „Heinrich Wittenweiler" kann mit dem vom
Verfasser des urkundlichen Briefes genannten „Heinrich von
Wittenwile" sehr wohl identisch sein. Die Wittenweiler
waren ursprünglich Edle und schrieben sich als solche „von
Wittenwil", später herrscht jedoch die Form „Wittenwiler"
vor, die bekanntlich oft genug mit dem Prädikat „von"
gleichbedeutend ist. Am Ende gaben sie auch wohl die
Adelsansprüche auf, sei es aus Mangel an standesmässiger
Wohlhabenheit oder wegen ihrer Niederlassung in bürger-
lichen Kreisen (vgl. Scherrer S. 117). Den schlagendsten
Beweis aber für die Identität des brieflich genannten
„Heinrich von Wittenwile" mit dem Dichter Heinrich Witten-
weiler liefert das Briefsiegel und andererseits das Wappen
in der Handschrift (s. S. VIII d. Ausgabe. Das Siegel der
Urkunde, das an dieselbe angeheftet war, aber leider nicht
ganz erhalten ist, zeigt den Kopf eines Bockes mit dem
Hals und in der Umschrift den Geschlechtsnamen. Dieses
Siegel stimmt mit dem Wappen der Handschrift genau über-
ein, das gleichfalls den Oberkörper eines Bockes darstellt.
Keller vermutet in der Vorrede zur Ausgabe S. VIII, dass
dieses Wappen vielleicht das des Besitzers der Handschrift,
also des Jacob Markwart, sei. Diese Vermutung wird aber
durch die Darstellung des Briefsiegels treffend widerlegt.

Die auffällige Übereinstimmung beweist klar, dass der Heinrich von Wittenwile des Briefes und der Dichter Heinrich Wittenweiler in eine und dieselbe Person zusammenfallen, dass ferner das Wappen in der Handschrift in Wirklichkeit des Dichters Wappen war und endlich, dass die Schweiz und zwar speciell der Thurgau seine Heimat ist. Mit diesem Beweise allein schon fällt die öfter wiederholte Behauptung, dass Wittenweiler aus Wittenweiler, das in der Nähe des zum würtembergischen Oberamtssitz gehörigen Marktfleckens Blaufelden liegt, stamme und nach Keller's (Vorrede S. V) eigenen Worten „ohne Zweifel Baier" sei, in sich zusammen.

Dieser Heimatsnachweis des Dichters kann aber, wie Bächtold a. a. O. ebenfalls bereits ausgeführt hat, noch weiter gestützt und verstärkt werden durch eine Untersuchung des Schauplatzes der im „Ringe" besungenen Begebenheiten. Der Ort der Handlung ist durch das Gedicht hindurch, abgesehen von der Kriegsberatung der Nissinger, das Dorf Lappenhausen; ein Dorf dieses Namens existierte nicht, vielmehr verdankt derselbe seine Entstehung lediglich dichterischer Erfindungsgabe. Seine Bedeutung liegt auf der Hand: es ist der Wohnsitz der läppischen, tölpelhaften Bauern. Den Namen kennt auch Rollenhagen im Froschmäuseler, und auch bei Hans Sachs begegnet ein Dorf Lappenhausen mit dem Zusatz: bei Rappersweil im Schweyzerlandt (Uhland, Schriften VIII, 370, Anm. 1). Ebenso offenbar erfunden sind andere Orte wie Torenhofen, Narrenhaym und viele andere. Dagegen finden sich im Gedichte viele Orte, die wirklich in der Schweiz und zwar im Thurgau oder dessen Nähe liegen. Die Kunde von dem bevorstehenden Hochzeitsfeste dringt schnell nach Glarus, Schwyz, Appenzell (dem Lauenthal), dem Prättigau, in die Alpen, auf's Marchfeld und die Scherr (33. 32—37). Diese und die folgende Dörfer: Nissingen, Seurenstorff, Rüczingen bilden eine Namenreihe, die von Toggenburg aus zu Glarus, Schwyz und Appenzell läuft, dann zu Lauis und dem Prättigau und schliesslich zu den entferntesten Gegenden der Alb und Scherr in Würtemberg. Einen andern

Fingerzeig giebt 36c 39: Ein Gast, der beim Hochzeits-
schmause seine Gier an den aufgetragenen Fischen nicht
schnell genug stillen kann, erstickt an einer Gräte. Sein
Leichnam wird in den Fluss Neker getragen. Dieser Fluss
ist nicht für den schwäbischen Neckar zu halten, sondern ist
im vollen Einklang mit den schweizerischen Örtlichkeiten
als das toggenburgische Flüsschen Necker anzusetzen
(Bächtold S. 188).

Als sich die Lappenhäuser für den drohenden Krieg mit
den Nissingern nach Hülfe umsehen, schicken sie zunächst
Boten nach Aurach, Gaigenhofen, Gadubri, Kenelbach, Ley-
bingen, Hofen, Vettringen; diese letzgenannten vier Ort-
schaften liegen in einer Reihe westlich von der Thur bei
Lichtensteig; dann gehen die Boten nach Rüczingen, Füczens-
wille (einem Orte, dessen Namen Scherrer (S. 113) für ein
freies Wortspiel auf Bütschwyl, dem alten Butzenswile,
erklärt) nach Seurrenstorff und dem bekannten Wattwyl und
schliesslich sogar bis an den Rhein (42c 22—30). Ihre
Feinde die Nissinger erbitten sich unter anderen Beistand in
dem Dorfe in der Chrinn (47d 11). Das Wort krinne bedeutet
nach Schmeller bair. Wörterbuch II, 387 und Mhd. Wb. I.
882a: Kerbe, Einschnitt, also an dieser Stelle nach Uhland's
Erklärung (Schr. VIII, 371 Anm. 2) Thalschlucht. Der
Name könnte auf Krinnen nordwestlich von Goldingen deuten
oder auf einen der vielen gleichnamigen Orte der dortigen
Gegend. Nach diesem und andern, aber erfundenen Orten
wird Leusaw unterm Höperg erwähnt, auf dem Hexen und
Zwerge, Recken und Riesen hausen (47d 16-19). Aus der
Erwähnung dieses Heuberges, dem Vorkommen des nach
seiner Meinung schwäbischen Neckar's und des Schwarz-
waldes (57d 16) glaubte Uhland die Behauptung erweisen zu
können, dass die Örtlichkeit der poetischen Handlung in
Schwaben zu suchen sei. Jedoch sprechen, abgesehen von
noch andern gewichtigen Gründen alle die vorher als thur-
gauisch erwiesenen Namen gegen seine Ansicht. Der Heuberg
mitsamt seinen Bewohnern gehört entschieden dem Bereich

der Sage und des Aberglaubens an und der Umstand, dass
sich der der Welt entfeindete Bertschi in den Schwarzwald
als Einsiedler begiebt, ändert an dem sonstigen Schauplatze
des Gedichtes ebensowenig. Zu diesen vorher angeführten
Übereinstimmungen in der geographischen Zusammengehörig-
keit der Orte passt es recht gut, dass als Vermittler zwischen
den feindlichen Bauern der Amman von Constanz am Boden-
see herbeigerufen wird (47, 28) und dass Colman, der älteste
der Lappenhäuser Gemeinde, beim heiligen Gallus schwört
(20. 31). Des Dichters genaue Kenntnis des thurgauischen
Gebietes lässt somit die Annahme, dass er selbst ein geborener
Thurgauer war, als gesichert erscheinen.

II. Zur Dialektfrage.

Ihrer Grundlage nach ist die Sprache des „Ringes"
alemannisch, wenn auch dieses Alemannische durch das sicht-
liche Streben des Dichters, Schriftsprache zu schreiben, viel-
fach modificiert und mit bairischen Eigentümlichkeiten (die
Keller in der Vorrede S. VII zusammengestellt hat) durch-
setzt ist. Der alemannische Grundcharakter der Sprache des
Gedichtes stimmt durchaus zu der oben nachgewiesenen
Heimat Heinrichs, die bairischen Dialekterscheinungen
andererseits legen die Vermutung nahe, dass der Dichter,
der überhaupt ein vielgereister Mann gewesen zu sein scheint,
längere Zeit in Baiern gelebt hat.

Zur Charakteristik der Sprache im Einzelnen mag
folgendes dienen. 1. Die Diphthongierung von i. ü, iu zu ei,
au, eu ist auch in der Hs. noch nicht vollständig durchgeführt,
vgl. Reimschreibungen wie gesin: peyn 8b 44; seyten: ziten
15c 24; beleiben: vertriben 18, 11; liden: weiben 18b 4.
Andrerseits reimen einzelne ei aus altem i bereits mit ai aus
altem ei: seyn (inf.): allain 4, 16; sey (3. conj.): geschray
7, 30; vein: karvunkelstäyn 15c 38; päyn: ein (= in) 15,7;
stayn: fensterleyn 13b 1.

2. Die alten vollen Vocale der Endsilben sind noch in einigen Fällen erhalten: wistin 7, 34, deuchti 23d 41, zwingi 31c 34, sey kuchi 31d 31, sey lernin 31 d 40, gedächtin (: prächten) 37d 7, trachtin 43, 12, u. a; retta 8c 13, scholta 8d 43, lonan 2d 37; geraingot 27, 39; gnädigost 29, 23; schadigot 55d 2. 3. Die 2. Plur lautet öfter noch auf -ent aus: werdint 13d 38; sagent 14, 8, scholtent 20c 11. 4. Speciell alemannisch sind Formen wie: vingerli 1c 13, füssli 2, 31, prügi 8, 30, nüssli 14c 8, hägili 14c 9, ungehorsami 25d, schoni 26, 39, rufli 35b 7, feuchti 35b 19, seuri 36b 35, lengi 37, 43, müdi 38c 22. wortli 46d 12, sterki 55b 17, vännli 55d 6, färli 56, 20.

5. Der Vortritt eines h, der nach Weinhold A. G. § 230 im Alem. „in grosser Ausdehnung vorkommt, wird für den Ring" belegt durch folgende Fälle: herkiesen 6b 13, herwelt 7c 23, herhaben 8b 30, hergeben 24d 32, herparmen 31c 31, herkennen 33b 32, herprach 43b 29.

6. Die speciell alem. Erscheinung des Eintritts von ô für â, die besonders im XIV. und XV. Jahrhundert häufig ist (Paul, Mhd. Gr. § 112), die sogar Reime von â auf ô zur Folge hat, begegnet in den Reimen: hat: rot 23c 30, vernamen: komen 3d 28, gevahen: hohen 56d 1; vgl. ungewan: getan 32d 28.

7. Reime von ai (= alten ei) auf ä: frümchayt: stät 1c 31, haiss: fläsch 19c 32, gedultikäyt: stät 29d 45 und andere wie chäim: gemäin 3, 8 und häym: gezam 37, 10 zeigen alemannisches Gepraege.

Reime wie dirn: hirn (ie:i) 19, 18, begir :stir 35c 29 und guot: hut 33b 38, mund: stuond 35d 10, hund: stuond 55c 33, stuond: schlund 52b 37 sind bairisch ebenso häufig als alemannisch.

8. Zum Schluss mag auch der Wortsatz herangezogen werden als Beweismittel. Keller (Vorrede S. VIII) und Scherrer (a. a. O.) stellen eine Anzahl von bairischen Wörtern zusammen, doch überwiegt bei weitem der schweizerische Wortvorrat. Der Ring, eine ergiebige Quelle für den Lexicographen, bietet ein bedeutenden speciell alemanischen Wort-

schatz. für den die nachfolgende kleine Auswahl, die sich
bei Stalder: Versuch eines schweizerischen Jdiotikon, Aarau
1812 2 Bde. bestätigt findet. als Beweis genügen mag. Die
in Klammern gesetzten Zahlen geben die Seite an, auf der
Stalder das betreffende Wort anführt. gusseln 3b 9 (I, 501,
Schmeller 1. 951), raiss eilig. schnell 5, 24 (II, 412), lurggen
schwer reden 5, 28 (II. 186), chlaffen Einschnitte machen
(beim Reden = stottern) 5, 39 (I. 104), smuken schmiegen
5b 34 (II. 336), büssen stillen 5d 35 (I, 149). bache Speck-
seite 6b 35 (I, 122), wäg gut 7d 2 (II. 427), gumpen mut-
willig springen 9, 19 (I, 495), kutzen brummen 9, 33 (II, 148),
fegen sich eilends wegbegeben 9c 24 (II. 35), schiegen schief
gehen 9c 30 (II, 319). snarcheln 9c 40 (II. 339), derlechen
9d 1 (I, 162), chlochen klopfen 9d 6 (II. 109), trumpeln 11. 8
(II, 318). smuezen 11b 2 (II, 337), zarten zart werden 11b 24,
nufer munter. lebhaft 11d 39 (II. 245), chilch Kirche 15d 29
(I. 100). verschliken verschlingen, verknüpfen 16b 6 (II. 329).
gienen Mund aufsperren 19, 23 (I. 486). knüsten quetschen
20b 6 (II. 118). chrofecht (= kropfig) klein, verkrüppelt 22, 6
(I, 134). kumph kränklich 22, 6 (I, 142), tuttli 22, 15 (II, 333).
prittlen auf feine Art bewerkstelligen 22c 18 (II, 228),
hellig grämlich 23b 28 (II, 37). ätti Vater 23c 27. (I. 115).
urstend Auferstehung 24b (II, 425), crisem Firmung 25b 29
(I. 133), tramen Sägeblock 28d 5 (II, 296), stmmbeln stümmeln
29, 1 (II. 414). willwenchen wankelmütig sein 30b 18 (II, 452),
schäppel Kranz 33c 1 (II, 309), zwäbel Handtuch 34d 24
(II, 483), schinden schälen 35, 27 (II, 318). verzetten in
kleinen Teilen verthun 35c 23 (II, 469). smalczich saftig,
fettig 35d 7 (II, 194). gauff Handvoll 35d 18 (I. 429), sprüczen
spritzen 35d 28 (II, 387), snpfen 35d 33 (II, 418). spängli
36, 21 (II, 379), smaczgen schmatzen 36, 23 (II, 334), frein
artig, hübsch 36b 31 (I, 395), chifeln nagen 36c 18 (I. 99).
grind Kopf 36d 22 (I, 481), raumen ausscharren 37c 2 (II. 162).
schleken naschen 37b 42, züchen schnell greifen 37d 30
(I. 164). plodren im Leibe rumoren 38,27 (I, 186), strauchen
fallen 38c 3 (II. 407). gnepfen hüpfen 38d 15 (I, 459), lupfen

heben 3sd 16 (II, 186), trümeln im Kreise herumgehen 39, 1
II, 313) gnafzgen mit dem Kopf nicken 39, 13 (I, 458),
knäten mit Mühe gehen 39b 22 (II, 113), schürpfen schürfen
40c 1 (II, 355), leczen beschädigen 40c 2 (II, 168), pofel Menge
40c 22 (I, 197), spechten spähen 42d 15 II, 381), blumen
Jungfernschaft 43b 3 (I, 189), gaden Zimmer, Schlafgemach
43c 13 (I, 411), stadel leichtes Gebäude, Schenne 43d 6 (II, 389),
chrangeln sich kräuseln, ringeln 44, 31 (I, 128), harsch Vor-
trab des Heeres 45, 31 (II, 22), hön zornig 48, 16 (II, 50),
furgge Gabel 48d 4 I, 405), gaumen hüten 50, 2 (I, 430),
stapfen steigen 50b 1 (II, 392), mayden Hengst 51d 16
(II, 193), zampen aussöhnen 52c 38 (II, 463), chruft schwäch-
licher Mensch 52d 12 (I, 136), stupfen tüpfen 53c 20 (II, 415),
bidmen bewegen, erschüttern 54, 9, gfert Tumult 54c 31, plunder
Hausgerät 56c 28 (I, 190), birlinch Heuschober 57, 2 (I, 173)
= höschochen 57, 4 (I, 346), pikel Karst 57, 25 (I, 169),
pleyde Schleudergerüst 57b 28 (I, 185).

Aus diesen Punkten geht wohl zur Genüge der aleman-
nische Grundcharakter der Sprache des Ringes hervor, der
wiederum ein neuer Beweis für des Dichters Heimat ist.
Für das Vorkommen der bairischen Dialekterscheinungen ist
schon oben eine ausreichende Erklärung gegeben worden.
Allerdings soll damit nicht behauptet werden, dass die Sprache
streng dialektisch, also ausgeprägt alemannisch gefärbt ist;
ihrem Grundwesen nach ist sie alemannisch, das durch den
Einfluss der Schriftsprache und bairische Eigentümlichkeiten
modificiert ist.

III. Abfassungszeit des Gedichtes.

Die Bestimmung der Entstehungszeit des „Ringes"
bietet wenig Schwierigkeiten. Nach Inhalt und auch wohl
nach Sprache könnte man das Gedicht zwei Jahrhunderte
früher ansetzen, doch verbieten einige Angaben in ihm eine
derartige Annahme durchaus.

Unter den Weltstädten, deren Unterstützung die Lappen-
häuser für den ausgebrochenen Krieg zu gewinnen suchen,
wird Constantinopel genannt und zwar ausdrücklich noch als
Besitztum der Griechen. Somit ist der „Ring" vor 1453
gedichtet worden. Der früheste Zeitpunkt andererseits kann
nur das Jahr 1350 sein. Die folgenreiche Erfindung des
Schiesspulvers und der Büchsen hat schon stattgefunden. In
dem Kriege zwischen Lappenhausen und Nissingen üben die
neuen Waffen ihre mörderische Wirkung aus, so dass der
Pulverdampf die Luft des Kampfplatzes verdunkelt (56, 14 .
Als der mutlose Bertschi, der sich voll Angst auf einen
Heuschober geflüchtet hat, belagert wird, möchten die Feinde
mit ihren Büchsen gern auf ihn schiessen, aber das Pulver
ist ihnen ausgegangen (57b 31—33).

Zwischen diese Zeitgrenzen fällt die poetische Arbeit
Wittenweiler's. Zu einer nähern Zeitbestimmung könnte
vielleicht die Erwähnung des Markgrafen von Ferrara dienen:
21c 27—31, wo es heisst:

> Nuss und prott auf meinem tisch
> Smekend bas, dann all die visch,
> Die der marchgraf von Ferrär
> Gäb mir, ob ich pey ym wär.

Die Este waren Markgrafen von Ferrara bis 1471 und
erhielten nachher den Herzogstitel. Scherrer vermutet nun,
dass in den citierten Versen mit dem Markgrafen, der als
sprichwörtliches Beispiel von Freigebigkeit in der Bewirtung
seiner Gäste gerühmt wird, Bosco, der seit 1450 Markgraf

war, gemeint sein könne, weil ihm Kaiser Friedrich III. für
seine splendide Gastfreundschaft den Herzogstitel schenkte.
Dass mit dieser Vermutung Scherrer gerade den für die Zeit
Wittenweiler's passenden Markgrafen getroffen habe, scheint
mir nicht wahrscheinlich. Ich glaube vielmehr, dass nicht
dieser Markgraf Bosco, sondern einer seiner Vorgänger in
der Markgrafenwürde von der lobenden Anspielung der an-
geführten Verse betroffen wird und dass diese Margrafen
durch vererbte Freigebigkeit weit und breit eine Berühmtheit
erlangt hatten. Der erwähnte Bosco kann sicherlich erst
nach Wittenweiler's Tode Markgraf geworden sein; 1450 trat
er die Markgrafschaft an und im Jahre 1426 war der Dichter,
wie oben durch seinen urkundlichen Brief gezeigt wurde,
schon ein Achtziger. Anderer Meinung ist Baechtold über
diese Frage; er schreibt in seiner Literaturgeschichte S. 188:
„In den Zwanzigerjahren des 15. Jahrhunderts suchte
Florenz mit dem Markgrafen von Ferrara verbündet Hülfe
bei den Urkantonen gegen Mailand. Möglicherweise schweben
dem Dichter solche oder ähnliche politische Verumständungen
vor." Ein sicheres Ergebnis liefert demnach die Erwähnung
des Markgrafen von Ferrara keineswegs.

Auf eine andere Persönlichkeit führt uns die Stelle
48c 25—28:

> Her Püppel doch von Elrpach,
> Den man nie derligen sach.
> Hiet ze streyten ym derkorn,
> Da was er dannocht angeporn.

Galvan, Montalban, Lanzelot, Tristan nehmen nicht am Kriege
teil, auch Püppel von Ellerbach nicht, weil er damals noch
nicht geboren war. Wenn man unter diesem den aus der
Schlacht von Tätwil 1351 als Anführer der österreichischen
Reiterei bekannten, vom Dichter Suchenwirt, der seinen
rechten Namen Burkhart ausdrücklich anführt, oft gepriesenen
Burkhart von Ellerbach versteht, muss der Dichter die
Ereignisse seines Epos in einer früheren Zeit sich abspielend
denken. Damit würde vor allen die Erwähnung des Schiess-

pulvers in schroffem Widerspruch stehen. Möglich ist, dass
der Dichter mit der Erwähnung dieses Burkhart von Eller-
bach einen absichtlichen, chronologischen Irrtum in scherz-
hafter Absicht begeht, über unsichere Vermutugen wird man
aber jedenfalls nicht herauskommen.

So bleibt für die Abfassungszeit des Gedichtes nur der
Zeitraum zwischen 1350 und 1450 offen ohne nähere Ein-
engung; von diesen 100 Jahren fällt der vierte Teil durch
den Umstand weg, dass der Dichter im Jahre 1426 schon
hochbetagt war, also nicht mehr lange gelebt haben wird.
Ein bestimmtes Jahr für die dichterische Arbeit zu erschliessen
bietet das Gedicht keine Mittel und Hinweise; in Anbetracht
seiner didaktischen Absicht und der reichlich von ihm aus-
gestreuten Lebenserfahrungen aber glaube ich annehmen zu
müssen, dass er sein Dichtwerk, das sicher eine lange Arbeits-
zeit erforderte, im gereiften Mannesalter geschaffen hat und
und setze es daher zwischen 1400 und 1426 an; doch ist
die Möglichkeit nicht ausgeschlossen, dass es sogar schon am
Ende des XIV. Jahrhunderts verfasst worden ist.

IV. Quellen.

Der Stoff des Gedichtes ist nicht durchaus Wittenweiler's
eigene Erfindung. Er hat, wie bekannt, das ältere Gedicht
von Mezzen Hochzeit benutzt, dessen umfänglichere Fassung
aus dem XIV. Jahrh. in Lassberg's Liedersaal III, 399 ff abge-
druckt ist. Sie umfasst 672 Verse, hat aber gegen Ende erhebliche
Lücken, da von der Handschrift Stücke abgerissen sind. Die
kürzere Fassung von 416 Versen besitzen wir in zwei Ab-
drücken; der der Stuttgarter Handschrift steht in Graff's
Diutisca Bd. II. S. 78, der andere als 67. Gedicht mit der
Überschrift: Von Mayr Betzen im Liederbuch der Clara
Hätzlerin S. 259 ff.

Diese Gedichte schildern dieselbe Bauernhochzeit mit nur geringen Abweichungen von einander. Das Gedicht in L. L. verdankt seinen grössern Umfang der grössern Ausführlichkeit seiner Schilderungen. Der in beiden Bearbeitungen in der Hauptsache gleiche Gang der Handlung ist in Kürze folgender: Der Meier Bärschi (nach L. L.; im Liederbuche der Hätzlerin und in Graff's Diutisca heisst er Betz) liebt Metzi (Metz). Beider Verwandten kommen zusammen und bereden den Heiratsplan; dabei wird die von beiden Seiten zu leistende Mitgift angegeben. Nachdem die Liebenden auf die an sie einzeln gerichtete Frage des alten Nudung ihre Absicht sich zu heiraten bekundet haben, wird die Hochzeit sofort noch für denselben Abend angesetzt. Die Gäste kommen und am Abend findet ein Mahl statt, dessen Beschluss das Brautmus macht. Der Spielmann pfeift in der Fassung in L. L. dazu auf. Dann werden die Brautleute zu Bette gebracht. Die Beglückwünschung des Paares am anderen Morgen und die Schenkung der Morgengabe seitens des Bräutigams an die Braut findet nur in L. L. Erwähnung. Die kirchliche Feier wird kurz abgethan. An das Hochzeitsmahl schliesst sich die Geschenkverteilung an die Brautleute. Nachdem der Spielmann gleichfalls beschenkt ist, geht der Zug zur Dorflinde, unter der getanzt wird, bis Zank und Streit eine Schlägerei zur Folge haben, die in einen regelrechten Krieg ausartet, mit dem die Hochzeit endet. Diese Erzählung bildet auch den Kern der Dichtung Wittenweiler's. Wie er diese Quellen benutzt, und für seine Absicht umgestaltet und erweitert hat, soll im Folgenden gezeigt werden. Den Abdruck bei Graff lasse ich bei dieser schematischen Nebeneinanderstellung der Quellen und der entsprechenden Partien des Ringes wegen seiner Gleichheit mit dem im Liederbuche der Hätzlerin ganz unberücksichtigt, denn die Verszahlen beider sind gleich.

Die **halbfett** gesetzten Stellen bezeichnen die wörtlichen oder nahezu wörtlichen Übereinstimmungen.

L. L.	Hätzlerin	Ring.
V. 1—2	1—2 —	2, 19—21 Bertschi liebt Mätzli.
3—4 —	3—4 —	2b 11—12 u. will nicht von ihr lassen
5—44 —	5—40 —	Beratung der Verwandtschaft.
34 —	30	32d 24 Bertschi wird gefragt, ob er
		Mätzli zur Frau will.
36 —	32	32d 37 ebenso umgekehrt Mätzli.
42—44	38—40	33, 7—9 Ehe ist geschlossen.
Altuz mit ir baider gir		Also ward mit payder gir
Wart du E geschaffen		Die ee yeso geschaffen
An schuoler und pfaffen		An schuler und an phaffen.
45—58	41—54 Aufzählung der Mitgift	—
71		33, 38 Einladung der Nachbarn.
157—158	136—137	36b 18—19 Unmässigkeit im Trinken.
169—172		2d36—3,1 Spielmann wird aufgefordert
		zu spielen.
u zwar zum Mahle	—	aber hier zum Turnier.
177—178	154—155	35d 6—7 :
Ein Bauer macht beim Mahle seinen Bart fettig.		
163		36b 35
433—434	262	34b 9 :
Einer schenkt eine kranke Ente.		
322—327	—	33, 21—25 Bertschi's Haar wird gerauft.
355—360	—	36b 37—41 :
Manchem platzt der Gürtel infolge des übermässigen Essens.		
372—388	220—230	34, 17—34c 5 Geschenke.
399—400	259—260	38b 32 dicker schopp.
465—466	281—282	
500	301	38c 8 Ein Spiegel zerbricht.
574—579	365—370	40, 26—32 :
Ein Kämpfer fällt in den Mühlbach.		
548—551	347—350	40, 31—34 Kampfscene.
546—547	345—346	40, 39—40
589—590	379—380	5d 20—21 Beim Laufe fallen sich
		zwei Männer zu Tod.

Neben diesen fast wörtlichen Entlehnungen findet sich
Eigenes von grösserer Bedeutung etwa in folgenden Punkten.
Das Turnier, welches dem ersten Teil des Wittenweiler'schen
Gedichtes ausmacht, findet sich in seinen Vorlagen nicht.
Die Liebe der beiden Hauptpersonen malen einige Scenen
aus: das Ständchen, der wiederholte Versuch Bertschi's seine
Geliebte in ihrem Vaterhause zu sehen, ihr Briefwechsel.

Die Beratung der Verwandten in den Quellen teilt unser Dichter in zwei ausgedehnte Versammlungen, eine von Bertschi's, die andere von seiner Auserwählten Angehörigen, denen er Reden über die Ehe im Allgemeinen und die dazu erforderlichen Voraussetzungen in den Mund legt. Beide Beratungen sind zeitlich und örtlich getrennt durch die förmliche Werbung beim Vater der Auserkorenen. Bertschi wird in die Versammlung in Fritz's Haus geholt und wird einer strengen Prüfung seiner religiösen Kenntnisse unterworfen und seiner didaktischen Absicht gemäss lässt ihm der Dichter Lebensregeln mannigfachster Art geben, bevor er in die Ehe tritt Kirchgang, Beschenkung, Hochzeitsmahl, Tanz, Zank, Schlägerei und endlich der Krieg sind durch poetische Ausschmückung des Dichters mit vielen Gedanken bereichert, lebendiger und anschaulicher geworden.

Die Übereinstimmung der Namen des Liebespaares im Ringe und seinen Quellen ist schon erwähnt worden. An Personen hat Wittenweiler ausser diesen noch übernommen: Schollentritt (Hätzlerin V. 15, Ring 10, 41) Hofschlek (H 18, LL 17, R 17c 1), Eysengreyn (H 361, R 2c 8), Völlipruoch (H 79, LL 81, R 17c 9).

V. Parodistische Behandlung.
a) Lyrik.

Wittenweiler ist ein Mann von literarischer Bildung, die er in parodistischer Art im Ringe verwertet; er greift besonders einzelne Gattungen aus dem Gebiete der Lyrik heraus und trägt diese in parodistischer Behandlung vor. Die erste derselben ist das Liebeslied (12b 20--27), das er den Schreiber hofelied (12b 19) nennen lässt. Dieser trägt Bertschi das Lied vor mit dem Rate, die Dorfgassen auf- und abzugehen und zur Freude seiner Geliebten das folgende Lied zu singen:

Ze dienen hab ich ir gesworn,
Wil seis joch niemer han verguot,
Vält es mir heut, es trifft leicht morn;
Dar auf derfreuwet sich mein muot
Und harren ie auf guoten wan.
Ze dienen hab ich ir gesworn.
Wil seis joch niemer han verguot,
Dar um wil ich nicht abelan.

Also vierhebige Reimzeilen mit der Reimstellung: a b a b c
a b c.

2. Parodie des Tanzliedes. Der Hochzeitstanz ist im
besten Gange, als plötzlich der Pfeifer sich weigert weiter
zu spielen, weil er von Kopfschmerzen geplagt wird. Rasch ent-
schlossen erbietet sich der junge Ehemann Bertschi zum
Ersatze für die fehlende Musik ein Tanzlied zu singen;
sein Text lautet: (38c 41—38d 8)

Daas schaffet alz die minn, die minn,
Daas schaffet alz die minn, die minn.
Daz wir leben ane syynn.
Daz wir leben ancee synn.
Daz schaffet als der wein, der wein,
Daz wir müssen froleich sein.
Daz schaffet alz daz gold, daz gold,
Daz niemant ist dem andern holt.
Daz schaffet alz daz phand, daz phand,
Daz man porget so ze hand.
Daz schaffet alz daz spil, daz spil,
Daz ich nit mag behalten vil.

Das Lied zerlegt sich in 5 Gedankenabschnitte von je einem
Reimpaare, die in aller Kürze die Wirkung der Liebe, des
Weines, des Goldes, des Pfandes und des Spieles besingen.
Aus den Verdopplungen je eines Vokales am Anfang der
ersten und am Ende der zweiten Reimzeile darf man viel-
leicht einen Schluss auf schleppenden Charakter der Melodie,
nach der das Lied gesungen wurde, ziehen. Dazu stimmt
dass beim Gesang offenbar jede einzelne Reimzeile wiederholt
w rd (in der Hs. ist Wiederholung nur beim ersten Reimpaare

ausgeführt). Jedes solche Doppelreimpaar scheint eine
Strophe ausmachen zu sollen, deren Einfachheit wiederum
auf Einfachheit der Melodie schliessen lässt. Das Lied ist
noch nicht zu Ende, aber zu seinem Bedauern kennt Bertschi
die fehlenden Verse nicht 3sd 21—22). Bald darauf, als
die Hochzeitsgäste vom Tanze ermüdet im Grase ein wenig
der Ruhe gepflegt haben, fordert sie der Schreiber von neuem
zum Tanze auf mit den Worten:

> Stet auf, wir müssen springen,
> Ich chan ein hübschs, daz wil ich singen (39, 15—16).

Seine Bereitwilligkeit findet Beifall und er singt:

> Wem schol ichs geben,
> Ze fröden seinem leben?
> Was ist das?
> Sagt uns, herre, was?
> Es ist fro Gredel Erenfluoch; wem fuogt sey bas?
> Es ist fro Gredel Erenfluoch; wem fuogt sey bas?
> Anders niempt, dann mir;
> Sey ist meins herczen gir.
> Jächel Gumpost, seysts ein gesell, so hab sie dir!
> Jächel Gumpost, seysts ein gesell, so hab sey dir!
> Nu muoss mirs got gesegen!
> Wie schon wil ich ir phlegen!
> Wem schol ichs geben,
> Ze fröden seinem leben?
> Waz ist daz?
> Sagt uns, herre, was?
> Es ist die schon fro Genepferin; wem fuogt sey bas?
> Es ist die schon fro Genepferin; wem fuogt sey bas?
> Anders niempt, dann mir;
> Sey ist meins herczen gir.
> Rütli Lechspiss, pist ein gesell, so hab sey dir!
> Nuo muoss mirs got gesegen!
> Wie schon wil ich ir phlegen! (39, 18—35).

Dieses Lied hat 2 Strophen von je 12 Zeilen, von denen
die sechste und zehnte nur Wiederholungen der ihnen vor-
hergehenden fünften und neunten sind. In der zweiten

Strophe ist die Wiederholung der neunten Zeile ausgelassen
worden und muss daher ergänzt werden. In jeder Strophe
stehen 8 kürzere Verse und zwei längere, welch letztere
wiederholt sind. Die erste an fünfter Stelle stehende Lang-
zeile ist zweiteilig und in 4+2 Hebungen zerlegbar; die,
welche die neunte Stelle einnimmt, dreiteilig mit dreimal
zwei Hebungen. Die Reimstellung ist folgende: a a b b b
(b) c c c (c) a a. Die eingeklammerten Buchstaben bedeuten
die zweimalige Wiederholung. Der Strophenbau zeigt mehr
Kunst als das vorher behandelte Tanzlied. Für die Melodie
ist abgesehen von der zweimal eintretenden Wiederholung
keine Andeutung vorhanden. Das Lied wird in der Weise,
die durch die gesungenen Strophen hinlänglich klar zu Tage
tritt, mit Einsetzung je eines männlichen und eines weib-
lichen Namens so lange weiter gesungen, bis die Zahl der
anwesenden Paare erschöpft ist. Jedes auf diese Art auf-
geforderte Paar muss zusammen tanzen (39, 36—39).

Nach Absingung dieses Tanzliedes wartet der Spiel-
mann wieder seiner Pflicht, bis ihm Bertschi vom Pfeifen ab-
zulassen gebietet und her Troll mit den Worten:

Ich wil euch sunderleichen singen
Eins, daz füget wol ze springen (39c 21—22)
seinen Vorschlag kundgiebt. Freudig stimmen ihm die Gäste
zu und er hebt an:

Es ass mein vatter Eberhart
Und tranch in eyn rympart
Es schlieff mein vetter Oll, her Oll, her Oll, her
Oll, her Oll, her Oll, her Oll, her Oll, her Oll, her Oll,
Es schlie ie ief her Oll Oll Oll Oll,
Es sang mein sun der Perchtold
Und sprang mein nef her Hylpold,
Es tanczt her Scholl, lo, lo, lo. loll, lo lo,
Lo, lo, lo, lo, loll, lo, lo, lo, lo, lo, lo, lo, loll.
Es swanczt her Scho o, o, o, o, o, oll. (39c 25—34).
Et cetera.

Die Fortsetzung des Liedes ist leicht durch Einsetzung

anderer Namen und neuer Verba, die ihnen eine Thätigkeit
zuschreiben. Jede dritte Verszeile klingt in langen Wieder-
holungen der letzten Silbe refrainartig aus und bildet den
Strophenabschluss. Die erste und zweite Zeile jedes Absatzes
sind durch Reime gebunden, die dritte wird als Korn durch
alle Absätze durchgereimt.

3. Als dritte Gattung der Lyrik findet sich in unserem
Epos das Tagelied. Beim Morgenanbruch nach dem Hoch-
zeitstage singt der Wächter von der Zinne herab, um die
Liebenden zu wecken, das ansprechende, kurze Weck- oder
Tagelied:

> Wer an lieben armen leit,
> Der mach sich auf, won es ist zeyt;
> Die sunne hat den morgen streyt
> Mit chreften uberwunden;
> Der man entweycht, ich wäyss nicht war;
> Die sternen sein verblichen gar,
> Die nacht ir still ist worden bar,
> Daz brüf ich ze den stunden (43b 31—38).

Die Form ist wieder einfach: achtzeilige Strophe aus
viertaktigen Versen und der Reimstellung a a a b ᴗ c c c b ᴗ.

b) Heldensage.

Besonders gern spielt der Dichter auf Persönlichkeiten
der Heldensage und innerhalb dieser wieder speciell auf die
Dietrichsage an.

Das Hochzeitsmahl erquickt durch die Menge und
Mannigfaltigkeit der gebotenen Speisen die hungrigen Gäste,
die sich gegenseitig in Unmässigkeit zu übertreffen suchen.
Der schlaue Uz will seinen Partner in der Hast des Essens
durch List unschädlich machen und spricht deshalb:

> Her Guggoch ist ein man,
> Der selber lieder tichten chan
> Von Dyetreychem dem Perner,
> Den hörten wir vil gerner,
> Dann daz wir also sassin,
> Die totin fisch da assin (36d 4—9).

Guggoch fühlt sich durch dieses Lob geschmeichelt und ohne die listige Absicht des Uz zu merken, hob er an:

Es sässen held in einem sal,
Die ässen wunder uber al
Et cetera bis an ein end (36d 12—14).

Während dem verzehren die übrigen die Fische. Dieses Lied selbst knüpft an den Anfang des Eckenliedes an:

Es sâzen helde in eime sal,
si retten wunder âne zal
von ûz erwelten recken (Deutsches Heldenbuch V, 219),

So wird von Dietrich dem Berner beim fröhlichen Mahle gesungen. In dem Kriege zwischen den Lappenhäusern und Nissingern tritt er neben andern Figuren der Heldensage und Ritterromane als Kämpfer auf. Die Hexen unter Führung der einen Wolf reitenden Frau Hächel kommen auf Geissen den Lappenhäusern zur Hülfe, ihnen schliessen sich auch sieben Riesen an: Sigen, Egg. Wegg. Golyas, Ruolant, Neymprecht und Syren (48b 28—33). Die Recken: der Berner, sein Meister Hiltprant, Dyetleib von Steyrland und Wolfdietrich und auch die Zwerge unter Laurin's Führung ziehen den Nissingern zu (48d 14—21). Aus freiem Willen gesellt sich den Kämpfern später noch ein wilder Mann zu, der auf einem grossen Hirsche sitzend mit seinem Kolben nach allen Seiten um sich schlägt (52b 33 flg.). Über diese Figur hat Uhland, Schr. VIII. 369 Anm. 3 ausführlich gehandelt. In dem Getümmel der Schlacht erschlägt ein Ecke mit seiner Stange Herrn Dietleib. Den Schimpf zu rächen eilt Dietrich von Bern herzu, haut Ecke mit seinem scharfen Schwerte in zwei Stücke und trifft noch den Rolant (54. 22 flg.).

Einer der tüchtigsten im Kampfe ist Laurin, seine Zwerge erschlagen die Hexen. Aus Rache bereitet deren Führerin Frau Hächel dem Laurin schweres Missgeschick. Sie speit ihm in's Gesicht, dass Blattern dadurch hervorwachsen. Da wirft ein Zwerg Trintsch ein Netz über sie und den Wolf und erwürgt beide. Dann greifen die Riesen die Zwerge an. Laurin schleudert wie der biblische David

einen Stein mit solcher Wut gegen den Kopf des Goliath,
dass derselbe in's Gehirn dringt (53b 25 flg.). Baechtold
führt (S. 186) irrtümlich noch andere sagenmässige Teil-
nehmer am Kriege auf, wenn er sagt: „Ebenso kommen
Herr Galvan von Montalban, Lanzelot, Herr Tristan und
andere"; die Verse, auf die er sich bezieht, lauten mit der
notwendigen, aber geringfügigen Änderung von war in wär:

> Des wär auch chömen her Galvan
> Ein ritter werd von Montalban,
> Lanczelott und her Tristan,
> Stolff und ander herren gmäyn.
> Do muosten seu ir schlosse retten
> Und andren güter vor den steten (48c 19—24).

Also diese Helden stossen nicht zu dem Kriegsheere der
Lappenhäuser, weil ihnen die Pflicht ihre Schlösser und
Güter vor den Feindseligkeiten der Städte zu beschützen in
ihren Burgen zu bleiben gebot. Über die geschichtliche
Grundlage dieser Gefahren, in welche die Schlossherren
durch die Städte gebracht wurden, giebt Uhland, Schr. VIII,
371 und 372 Anm. 1 Auskunft. (Seine Beweisführung, dass
Schwaben der Ort der Handlung des Ringes sei, ist nach
den oben S. 10 flg. gelieferten Beweisen hinfällig).

VI. Allegorisches.

Der Arzt, der Mätzli's Wunde verbunden hat, schreibt
in ihrem Auftrage eine Antwort auf Bertschi's Liebesbrief.
Er giebt darin ihrer Freude über den Empfang desselben
Ausdruck, die so gross war, dass sie in einen tiefen Traum
versank. Die Traumbilder und ihre Deutung soll der Inhalt
dieses folgenden Abschnitts sein (15b 6—17, 6).

Im Traume erscheint dem liebenden Bauernmädchen die
Minne, die eine Glaskrone auf dem Haupte trägt mit der
Aufschrift:

Ich pins ein wunecleichen stim,
Juuchfraw Venus von der minn (15b 40—41).
Sie ruft jene mit Namen an und befiehlt ihr ihrem Geliebten
in allen Stücken Folge zu leisten und in Freude mit ihm
zu leben. Dann verschwindet die schöne, jugendliche Gestalt
und eine andere Frau erscheint ihr, die einen Kranz mit
drei Kronen geschmückt trägt: die eiserne versinnbildlicht die
Festigkeit, die Keuschheit stellt eine silberne dar, die dritte
goldene bezeichnet die Seligkeit. Die Frau führt an der
Hand ein Kind und sitzt auf dem Altar einer bilderreichen
Kirche, die ein grosser See mit Milch und Honig umfliesst.
Zur wahren Liebe muntert sie diese Frau auf, deren Mahnung
das Kind bekräftigt und ein zur Rechten stehender weisser
Geist, während vorher ein schwarzer Geist zur linken Seite
der Minne sie zum Gehorsam aufgefordert hat. Von Unruhe
getrieben eilt Mätzli am Tage zum Beichtiger, um sich von
ihm den Traum deuten zu lassen. Frau Venus nennt dieser
die falsche Liebe, die so alt ist als die Welt; nackt und
unbekleidet ist sie, weil sie Schooss zu Schooss fügen will.
Ihre gläserne Krone bedeutet üppige Freude und vergängliche
Ehre. Das geflochtene Haar bezeichnet die enge Ver-
knüpfung von Leib und Seele. Ihre Blindheit soll ein Aus-
druck dafür sein, dass oft ein schönes Weib einen Graubart
liebt. Das Feuer der Liebenden spricht aus ihren schnellen
und lebendigen Gebärden. Mit ihrem Bogen verwundet sie
junge Herzen. Ihr mit Gold und Silber beschlagener Wagen
bekundet die Gewohnheit der liebenden Jünglinge auf Geld
ihr Augenmerk zu richten. Der blutrote Bach, der dem
Wagen nachfliesst, ist ein Symbol der Wunden, die dem
Liebhaber geschlagen werden. Der schwarze Geist ist ein
böser Engel. So deutet der Beichtiger die erste Traum-
erscheinung; er schliesst mit einer Warnung vor falscher
Liebe.

Die zweite Frau hält er für Maria, den Trost der
Christenheit. Sie trägt ihr Haar aufgebunden zum Zeichen
reiner Keuschheit. Ihr Doppelpaar der Augen bezieht der

Beichtiger auf vier Lehren: Schlägt jemand einen deiner Backen, so biete ihm auch den andern; nimm ein Weib; verkaufe deine Habe und schenke den Erlös den Armen; vergieb denen, die dich hassen, und bitte Gott, dass er sie bekehre. Die Grösse ihrer Barmherzigkeit folgert er aus der Weite des sie umhüllenden Mantels. Das Kind kann nur Christus sein. Die Kirche, auf deren Altar Mutter und Sohn sitzen, ist die symbolische Bezeichnung der Christenheit, der Altar in ihr der Glaube. Der See vertritt das Blut des neuen Bundes, das vergossen ist zum Heile der Christen; der weisse Geist zur Rechten endlich ist ein guter schützender Engel.

VII. Sprichwörter und volkstümliche Sentenzen.

Mit dem Namen „Sprichwort" führt der Dichter einige aus der grossen Zahl der im Ringe verstreuten kurzen, aber inhaltreichen und besonders bekannten Sentenzen ein.

Daz sprüchwart ist mir oft gsäit 19d 35
Daz gwarest spruchwart daz ist daz 20c 29
Won ein sprüchwort saget daz 28, 15
Won ein spruchwort also spricht 57b 42.

Der Ring ist, wie Baechtold S. 189 mit Recht sagt, eine ergiebige Quelle für das Kapitel: wie das Volk spricht. Die Sprichwörtersammlungen (so besonders die von Zingerle) haben diesen Vorrat aber noch nicht ganz erschöpft. Daher dürfte es passend sein an dieser Stelle eine vollständige Zusammenstellung und Gruppierung dieses interessanten Kapitels zu versuchen. Freilich wird es kaum gelingen, die grosse Menge vollständig zu ordnen und in Gruppen zu bringen, weil bei einigen über ihren Charakter ein sicheres Urteil nicht gefällt werden kann.

Da der Hauptstoff des Gedichtes eine Hochzeit behandelt, ist es natürlich, dass der Dichter bei passender Gelegenheit seiner Ansicht über F r a u e n durch Sprichwörter Nachdruck verleiht.

1) Do hiet Mäczel langes har
   Und churczen muot, ja daz ist war   11b 19—20.

2) Den frawen ist der ars ze präyt,
   Daz hercz ze smal   14b 15—16.

3) Frawen trew der ist nicht vil,
   Frawen unkeusch ist ein vinden,
   Den chan roch mag uberwinden   14b 18—20.

Einem Mann, der eine Gattin sucht, ist zu raten:

4) Suoch ein weib nicht ver hin dan!   18b 27.

Hässlichkeit der Frauen schadet nicht, in der Dunkelheit der Nacht sind alle gleich:

5) Wan an dem griff sind ällen weib
   Des einen leders, wie mans treib   19c 25—26.

Treffend werden sie mit verschiedenfarbigen Hühnern verglichen: wenn die gebraten auf den Tisch gebracht werden, zeigen sie alle doch nur ein Fleisch. Vielleicht spricht Wittenweiler aus Erfahrung:

6) Die frawen sind nicht ane list   (19d 40)

Über alte Jungfrauen äussert sich ein Sprichwort:

7) Alten junchfraw ist ein gift
   Jn iedem haus, sam man da spricht   23d 16—17.

Die Weiber, die das Regiment im Hause führen, charakterisieren die Verse:

8) Wiss, und trävt dein weib die pruoch
   Sey wirt dein hagel und dein fluoch
   Wider got und sein gepott   31d 22—24

L i e b e.   9 Won die rechte liebeschaft
              Zwüschent zwayen hat ir chraft
              Und wil ir auch nicht mer haben 11d 25—27.

10) Won kain sach die macht dich frey,
    Hast nicht lieben minn da pev   29c 9—10.

Freundschaft. 11) Du scholt den freunt zuo deinem gwin
    Versuochen lang, der weise spricht.
    Den bewärtten halt und lass in nicht! 29c 12—14.
  12) Hilf dem freunt ze aller frist
    Ungerüft, so ym gebrist   29c 19—20.
  13) Tuo dem freunt und iedem man,
    Das du von ym begerest han   29c 23—24.
  14) Den freund man in den noten mag
    Versuochen bas dann ander tag   45d 26 - 27.
Friede. 15) Won wo nicht frid ist in dem haus,
    Da hat man got vertriben aus.
    Wilt du han frid gen jedem man.
    So tuo sam einer hat getan,
    Der danket allem gnot ze stett
    Und swäig, so man ym ubel tett   29b 23—28.
Feindschaft. 16) Besser ist ze aller frist
    Ze richten zwüschen veintten zwäyn,
    Danne zwüschen freuntten gemäin,
    Won der freunden in verleur
    Äinen, des chum ich ze teur,
    Der veintten mag ich gewinnen äyn
    Ze freunt, daz ist daz ich da mäyn 46d 14—20.
  17) Veint mit veinten temmen schol
    Ein man, der sich wil rechen wol   48, 35—36.
  18) Won ein spruchwort also spricht:
    Vor alter veinten süssen botten
    Und vor fischen zwir gesotten
    Hüte dich än alles spotten!   57b 42—45.
Herrschaft und Macht.
  19) Niemant zwain hern gedienen mag
    Schon und eben nacht und tag   20, 8—9.
  20) — Niemant zwaien gedienen mag   21d 1.
  21) Drey sein alweg eines herren   36b 13.
  22) Won es spricht der weise man;
    Wer die diener füret hin,
    Der fürt den herren sampt mit in   49d 15—17.

23) We dem lande, daz ein Kind
　　Haben muoss ze einem herren!　　45b 40- 41.
　　vgl. dazu Freidank 72, 1.

Männliche Vorzüge.

24 Daz gwarest spruchwart daz ist daz:
　　Einiger vatter füret bas
　　Syben kinder durch einn gatter.
　　Dann siben kinder einen vatter　　20c 29 —32.

25) Ein man ist sneller vil, ze rechen
　　Seinen vatter, dann daz kind,
　　Ob seu ym päyden gesmähet sind.　　20d 13—15.

Gesundheitsregeln.

26) Nach dem essen macht du sten
　　Oder dich enwenig dergen,
　　Daz ist dir guot ze aller frist,
　　Bis daz die speis geseczet ist　　27, 14—17.

27 Wie schol aver sein daz gtranch?
　　Trun mit fuoge, nit ze lang,
　　Jn dem sumer weiss und clar
　　Oder rosenleicht, nicht swar.
　　Des winters lat sich trinken bas
　　Starker wein und rot im glas,
　　Und ist er liepleich wol gesmak,
　　So fügt es recht in deinen sak　　27b 37—27c 1.

28) Auf vollem pauch stets fröleychs haubt　　37, 16.

29) Die vische wellent geswemmet sein　　37, 12.

Die Menge der Lehren für die körperliche Wohlfahrt
hier anzuführen, wäre zu weitläufig; es sei nur auf die Stelle
verwiesen: 26d 9—27d 29.

Lebensregeln aller Art und lehrhafte Lebens-
erfahrungen.

30, Vält es mir heut, es trifft leicht morn　　12b 22.

31 Schlecht dich der ans wang,
　　So peut daz ander dar zehant!　　16c 25—26.
　　Dieses mit drei folgenden biblischen Geboten:
　　　　　　　　　　　16c 25—32.

32)   Es ist nicht recht,
     So man daz chrumb schol machen schlecht,
     Daz man es noch danne chrumber mach 19d 9—11.

33) Äigen haus und aigen chind
     Machend grossen mü ze wend
     Und klainen fröd ze paradeys   21c 5—7.

34) Der allen dink dergrunden wil,
     Der siert sich selb und schafft nit vil. 23c 6—7.

35) Dhäin weltleichs mensch ward nie so rain,
     Es hunch an einem überpayn   23c 10—11.

36) Noch der vil gewaren lere sag
     Niemand wol gewesen mag
     Ein prophet in seinem land.
     Won er ist ze wol bekant   24c 19—22.

Die Kunst den Verhältnissen sich anzupassen empfiehlt:

37) Besich, in welchem zeit du pist,
     Dar zuo, wie daz weter ist,
     Daz du deinen mantel geswind
     Mugest keren gen dem wind   28c 14—17.

38) Hast du yemant ichez versprochen,
     Daz scholt du läisten ungeprochen,
     Es wärr dann, daz er an dir bräch,
     Oder daz mit sünden geschäch   29b 1—4.

39) Won geist du schier, so geist du zwier   29b 15.

ist eine Verdeutschung des Lateinischen bis dat, qui cito dat.

40) Lengen red steht ubel an   20c 26.

41) Doch scholt du getrauwen swach
     Einem in vil grosser sach,
     Hast du noch nicht mit ym gessen
     Ein vierding salcz wol aufgemessen   29d 9—12.

42) Ze grossen dingen scholt dich piegen,
     Won chäin adler vahet fliegen   30, 25—26.

43) Hab ein dyemütigen gestalt!
     Won der sich höcht, der kumet nider,
     Und der sich nidert, der get wider   30d 26—28.

44) Waisst nicht, daz man spricht gemäyn:
Hilf dir selb. so hilft dir got? 31b 35—36.

45) Waisst nicht noch, daz ich da wäiss,
Dein selbers aug daz vich macht fäiss. 32, 28—29.

46) Jst ein man auf häylem eys,
Der ge vil gmach, so ist er weis,
Und hab sich auf entwedern täyl,
So vert er seine sträss mit häyl 46d 37—40.

47) Mit gerten schol man kinder straffen 54, 13.

48) Narren messer, hürren prüst
Sicht man bleken oft umb süst 54, 38—39.

Charaktereigenschaften, Tugenden.

49) Tugent ist vor allen dingen.
Niemant sälig wesen mag
Ane tugent, ist mein sag 28, 5—7.

50) Wisst ir nicht, daz alter hat
Für die andern weisen rat? 19c 43—44.

51) Daz sprüchwart ist mir oft gsäit:
Alter part hat weisshäit.
Dar zuo pin ich worden innen:
Junges hirn phligt cluoger sinnen 19d 35—38.

52) Ein anvauch aller wiezen ist
Gottes forcht mit sälger list 24c 15—16.

53) Empschleichs lernen daz ist guot,
Unstates allen schaden tuot 24d 5—6.

54) Alter part der hat die wicz
Nüwer palg der hat die hicz 55, 8—8.

Mässigung und Genügsamkeit.

55) Nach der weisen lerer sag
Keinem man gebresten mag,
Der sich benügt, die weil er wert,
Des, da die sein nataur begert 19, 36—39.

56) Mas ist guot zuo allen dingen 19d 31.

57) Won der weis gesprochen hat;
Niemant ist ym selber gennog,
Jn seiner sach mit rechtem fuog 23, 12—14.

58) Vor ze wenich und ze vil
    Die gsunthayt masse haben wil   26d 19—20.

Thorheit. 59)   O jungen kinder
    Es seczt den wagen für die rinder   19c 41—42.

60) Won es ist nu der welte sit,
    Daz die esel und die narren
    Zeuhent bäid in einem charren,
    Der mit raynvail ist geladen,
    Und muossent doch sich des wassers laben
               23b 41—23c 1.

61) Doch geschicht es ze den stunden.
    Daz ein närrli vindt ein list,
    Die dem weisen selczen ist.   22b 23—25.

62) Dannocht uns die weisen sagend:
    Wo die toren bessers habend,
    Da scholt du dich ze narren machen.
    Listechleich an allen sachen   28c 34—37.

63) Verfluochet sey die maysterschaft,
    Die chupfer aus dem silber macht   47, 7—8.

Bosheit. 64) Bosshayt lert sich selber wol   56b 40.

Schimpf und Schande. 65) Böser schimph ward nie guot
               6c 11.

66) Wisst es ist ein schand,
    Ze lernen einen greysen partt.
    Syben und sibenczig jaren alt;
    Doch ist böser wann ein man
    Pey alten zeiten nicht enkan
    Und ym auch lernen nicht enwil,
    Des hant er schand und lasters vil   20c 38—44.

67) Schämich mach auch deineu kinder.
    Daz seu nicht leben sam die rinder,
    Wan man oft des kindes schand
    Zelt dem vatter in die hand.   31. 1—4.

68) Won besser ist, nach weiser ler
    Frisleich sterben umb die er,
    Dann mit schanden leben.   41d 22—24.

69) Vergänglichkeit des Menschen:

Wer heut lebt, der stirbet morn   57d 7.

Besitz, Wohlhabenheit, Reichtum und Armut.

70) Nicht ze arm und nicht ze reich;

Grossen armut siert in ser,

So saumpt in reichthuom dannocht mer 24d 20—22.

71 Won ein sprüchwort saget daz;

Dem der seckel steket vol,

Den hört man gern und gelaubt ym wol.

Hast du tugend vil in dir,

Und ist dir joch der pautel lär,

Er wird dir vol und dar zuo swär   28, 15—21.

72) Dem daz gelük nicht guotes gan,

Der muoss verliesen uber nacht

Künges hort und käysers macht   37c 12—14.

73) Todesgewissheit.

Won nichcz ist gewisser todes schlund,

Nichcz ungewisser seiner stund,

Er schleicht daher vil sicherleich,

Jm ist der arm recht sam der reich,

Er lat sich uber niempt derparmen

Und schleicht den reichen sam den armen

Wer mag sich dann vor ym behalten?

Er niempt die jungen mit den alten.

Jm ist der chrump recht sam der schlecht

Es kumpt ym alles sampt recht.   26c 9—18.

Hieran mag sich eine Reihe von Sprichwörtern schliessen, die zum Teil zusammengehören, deren Einreihung in die oben gegebenen Kategorien aber nicht wohl tunlich war.

74) Grosses vich wil michel gras   20d 27.

75) Grossen stat wil weites tor   23c 23.

76) Bey der swar verkauft man swein,

Den menschen nach den wizzen sein 28b 22—23.

77) Pey hünren lernt man gachezgen,

Pey sweinen seuwisch smaczgen   30c 18—19.

78) Won jedes haubt daz wil seinn huot,
Yeleich haus daz wil sein feur   32c 16 —17.

79) War aus sein die fürsten gemacht?
Von wannen chümpt die herschaft?
Sein seu nicht alz wol, sam wir,
Adams kinder.   44. 16—19.

80) Die werlt ist böser listen vol   13c 8.

81) Maus im sak und laus im nak
Mäcz ym haus und feur im kübel
Die bezalent iren wirten übel   23d 9—11.

82 Wiss, daz kol und hicz und schein
Mügend in einer glüte sein   25, 29—30.

83) Die chunst ist lang, daz leben chlain   25,3.

84) Schadli wager dann ein schad.   31c 40.

85) So habt es wol gesehen vor,
Daz yeder hund auf seinem mist
Für ander drey geherczer ist   40d 20—22.

86) Won wasser daz pricht durch den stäyn,
Ist sein lauff da hin gemäyn   54c 20—21.

87) Mit werffen man das haus derwert,
Mit schiessen man es nider zert   57, 32—33.

88) Verzag nicht, held, daz ist mein rât,
Wie oft ein man verloren hât
All sein hab in einem spil
Und darnach gewinnen zwir alz vil.
Hab geding und läss es nicht,
Ob dir joch niemer guot geschicht;
Won oft ein Swâb der nimpt sein end
Mit guotem trost, der smerczen went   30b 2—10.

VIII. Kulturgeschichtliches.

Der Ring ist ein fast ebenso ergiebiges Feld für die Bereicherung unserer Kenntnis des kulturgeschichtlichen Lebens, wie der Meier Helmbrecht Wernhers des Gärtners. Nur darin steht der Ring hinter jenem zurück, dass im Helmbrecht neben dem Bauernstande, der im Vordergrunde steht, auch die Ritter und ihre entarteten Standesgenossen, die Raubritter, uns vorgeführt werden, während der Ring durchweg nur bäurisches Leben, bäurische Sitte und bäurische Eigentümlichkeiten schildert. Was der Dichter uns von ritterlichem Thun und Treiben sehen lässt, ist nur das Zerrbild ritterlicher Schauspiele, das uns in der Schilderug des bäurischen Turnieres entgegentritt.

Im folgenden soll der Versuch gemacht werden, ein Bild der Zustände, welche der Ring uns darstellt, zu entwerfen.

1. a. Stände. Obrigkeit.

„Der Kaiser ist uns ungleich" ruft der Dorfschreiber, als er Bertschi die frohe Botschaft vom Briefe seiner Geliebten verkündet (17b 14). Vom Kaiser haben die Nissinger nach ihres Bürgermeisters Worten die Macht und das Recht zugefügte Schande durch Krieg zu rächen (41d 32). Anderer Meinung ist ein Nissinger Bauer Ryffvan; er gesteht nur Fürsten die Befugnis zu einen Feldstreit zu führen und zwar nach des Kaisers Recht (44, 5 flg.), dessen Kriegsgefangene nach Kriegsrecht seine Knechte werden (51, 26).

Ausser der weltlichen Obrigkeit wird öfter der geistlichen gedacht. Die Geistlichen, denen man beichten muss (peychtiger), heissen durchweg phaffen (14, 6). Ein solcher deutet den Traum Mätzli's, den der Arzt ersinnt und in dem Liebesbriefe an Bertschi ausführlich mit Hinzufügung der Deutung des Pfarres erzählt (16, 15—16d 24). Das Wohlbefinden des

Geistlichen zeigt sich in roten Wangen und feistem An-
gesicht (19. 5). Grosser Beliebtheit erfreuen sie sich nicht;
selbst der Messner in Nissingen ist eine verhasste Persön-
lichkeit. Deshalb wird er mit der Fehdeankündigung an
die Lappenhäuser gesendet; die Nissinger hegen dabei die
stille Hoffnung, dass er von jenen erschlagen werden möge.
(46, 3).

b) Berufsarten.

Der Pfeifer und Spielmann, namens Gunterfay, schlägt
sein Becken zum Turniere so stark, dass es zerspringt (2d 17).
Auf Bertschi's Aufforderung bringt er dessen Geliebten ein
nächtliches Ständchen, zu dem er ein neues Becken mit-
bringt (10, 24). Das mit dem Worte beki bezeichnete In-
strument ist eine Schlagcymbel (A. Schultz: Das höfische
Leben zur Zeit der Minnesinger², Leipzig 1889, I, 562). Zum
Hochzeitstanze pfeift er auf und lässt sein Becken erschallen
(38b 11 flg.), nach seiner Melodie springen und tanzen die
Paare in wilder Lust. Ein anderer Spielmann tritt im Kriege
auf. In der Schlacht am Morgen des zweiten Kampftages
lässt der Leybinger sein Horn ertönen*) (51c 30). Beim
neuen Auszuge erfahren wir, dass auf dem Banner der
Lappenhäuser eine Schneiderscheere und eine Spule abge-
bildet ist (51c 34—36), denn im Dorfe wohnen viele Schneider
(45c 29). Doch wird auch noch anderer Dorfbewohner Er-
wähnung gethan. Ein Müller will im Turnier einem mutigen
Kämpfer den Esel, der unter ihm davon rennt, abkaufen
(4d 20). Der Wassermüller in Nissingen leiht seinem Mit-
bürger, der in den Mühlbach gestossen ist, einen Spiess
(40, 30). Eine Person von Ansehen und Kenntnissen ist der
Dorfschreiber, der für klingenden Lohn den dummen Bauern
Liebesbriefe schreibt und vorliest (11c 34 flg.) und eine nicht
minder wichtige Rolle spielt der Arzt (13c 36 flg.). Er
wäscht und verbindet die durch einen Steinwurf verursachte

---

*) Schultz I, 558.

Kopfwunde der verliebten Bauerndirne Mätzli, der er vom
Apotheker, ihrem Vetter, zurVerdeckung des mit ihm (demArzt)
begangenen Fehltrittes allerlei Mittel sich bereiten zu lassen
anempfiehlt (15, 1—15.

Die Hauptmasse der Dorfbewohner bilden jedoch die
Bauern; wenn auch bei der grossen Menge der angeführten,
vielfach erfundenen Namen ihr Stand nicht genannt
ist, so liegt es doch auf der Hand, dass die selbstverständlich
im Dorfe lebenden Handwerker durch die Bauern an Zahl
überwogen werden.

II. a) Grundbesitz und Viehstand.

Das Besitztum des Bauern besteht in Haus und Hof,
Äckern und Wiesen (18d 11). Diesen Grundbesitz zu ver-
kaufen hält man für schlimmer als Hunger zu leiden (32b 17).
Der Ertrag der Wiesen, das Heu, wird aufgehäuft zum
Henschober (57, 4 = birlinch 57, 2) und bleibt auf freiem
Felde, bis es nötig wird es aus den Schobern heimzufahren
in die Scheunen. Gleichwertig mit dem Grundbesitz ist des
Bauern Viehstand, der aus Kühen, Kälbern, Rindern und
Pferden, mitunter auch Eseln (denn im Turnier werden
solche erwähnt) zusammengesetzt ist (10b 42). Federvieh,
wie Hühner, Gänse (31d 4) und Enten (34b 9), hat natürlich
nicht gefehlt, ebensowenig als der treue, wachsame Hofhund
(31d 6 und 34, 35.

b) Geldmünzen*).

Wie viele Sorten Geldmünzen es gab und wie hoch sich
der Wert jedes einzelnen Stückes belief, geht aus unserm
Gedichte nicht hervor; aber wir begegnen in ihm Münzen
geringen und hohen Wertes. Der phenning scheint auch
damals das niedrigste Geldstück gewesen zu sein. (7c 13
10, 17; 17b 10; 18d 24; 26d 12). Einen Berner Pfennig giebt
einer der Hochzeitsgäste dem Brautpaare als Geschenk (34b 15).

*) Über Münzwesen vgl. Grimm Wörterbuch VII unter: pfennig S. 1666;
haller IVb S. 234; phunt VII, 1810. Zu schillings. Lexer II, 736.

Sieben haller verspricht Bertschi dem Pfeifer als Lohn für
das Ständchen (9d 39): alter haller drei werden 26d 13
erwähnt. Für den Esel bietet der Müller zehn schilling an
ein phunt (4d 22); dem Weibe, das ihm den Brief seiner
Geliebten überbringt, schenkt der Held des Gedichtes zwen
schilling mit der ausdrücklichen Bestimmung als Trinkgeld
(17, 40). Ihm wird Sparsamkeit angeraten, wie sie ein Söld-
ner üben muss, der für einen Schilling sein Kochgerät sich
beschafft (18d 45). Silber soll Bertschi in der Tasche tragen,
damit er immer in der Lage ist dafür Futter, Heu und Stroh,
Korn, Wein und was er sonst gebraucht, zu kaufen (31c 10.

c) Arbeiten des Bauern.

Des Lebens Unterhalt muss der Bauer mit harter Feld-
arbeit verdienen. Den verschiedenartigen Beschäftigungen
des Ackerbaues widmet er seinen Fleiss.

> Erren, tröschen und auch säyn,
> Hakken, sneiden und auch mäyn

sind seine Arbeiten, die auch Bertschi gehörig auszuführen
versteht (24b 25—27). Zum Pflügen der Äcker werden die
Rinder verwendet und zwar, sobald ihre Hörner hart geworden
sind (20b 42). Bei dieser ländlichen Thätigkeit des Bauern,
bei der ihm die Frau und etwa vorhandene Söhne unter-
stützen, sind natürlich auch Knechte und Mägde erforderlich
(19, 18). Wer aber nicht so wohlhabend ist, sich diese zu
halten, der muss sich selber dienen, denn eigene Arbeit
schändet nicht (19, 21). Zumal erfordert es das Interesse
des Bauern, dass er in aller Morgenfrühe aufsteht und selbst
überall auf Ordnung sieht und sein besonderes Augenmerk
auf das Gedeihen des Viehstandes richtet (32, 26).

III. Baulichkeiten.
a) Das Dorf.

Das Dorf Lappenhausen hat eine Mauer, um die ein
Bach fliesst (44b 2); zwei Thore schliessen es ab und vier
knotten mit einem tiefen Graben sind die Stützpunkte für

die Verteidigung. Die 56d 17 genannte Holzmauer scheint
mit der das Dorf umgrenzenden identisch zu sein. Zum
Dorfturm, in dem die Glocken hängen, die zum Turnier und
später zum Kriege geläutet werden, führt eine Wendeltreppe
(46c 19). Eine tavern dient dem öffentlichen Verkehr und
dem Erholungsbedürfnis; der Vater Fritz pflegt dort abends
zu trinken und zu plaudern (22c 36). Von einem Amts-
gebäude, einem Rathause etwa, ist nicht die Rede. Die
Ratssitzung vor dem Kriege wird in einem stadel auf dem
tan, also in einem auf der Wiese belegenen Raume abge-
halten.

b) Das Bauernhaus.

Über die Einrichtung des Hauses und die Lage seiner
Räumlichkeiten giebt der Ring wenig Aufschlüsse. Ein un-
gefähres Bild geben einige Einzelheiten. Die Mauer des
Hauses Fritzens ist mit einer Lehmschicht bedeckt (9c 22).
Eine Hausthür (türlein 9c 25) verschliesst den Eingang,
scheint aber nicht mit einem Thürklopfer versehen gewesen
zu sein, denn Bertschi wirft, um seinen Wunsch um Einlass
bemerkbar zu machen, erst zwei grosse Steine gegen die
Thür des Pfeifers und klopft ausserdem noch mit einem
Stocke (9d 6). Die Fenster (10, 30) sind in der Nacht durch
Laden verschlossen (9c 30). Im Innern des Wohngebäudes
führt eine Treppe (stege 10d 27; stieg 45d 4) zu den oberen
Räumen. Die Schlafkammer, die gegen Feuchtigkeit mit
Kraut zu bestreuen sehr ratsam ist (26d 41; gaden heisst
sie 43c 13) und die Küche (33c 19), in der der Kochherd
seinen natürlichen Platz einnimmt (56d 36), werden kurz
berührt. Vom Wohnhause führt eine Hinterthür (11, 8) auf
den Bauernhof; hier steht der mit einer Thür versehene
Kuhstall (10b 26, 10d 35), in dem eine Krippe zum Auflegen
des Futters angebracht ist (35c 24). Auf dem Hofe steht
auch wohl der Speicher, in den Fritz seine Tochter sperrt
(11, 23). Diesen nennt der herbeigeholte Arzt sogar camer
(13d 21). Sein Boden ist mit Stroh belegt (14c 31), eine

Thür schliesst ihn ab (13d 27). Das 13c 31 erwähnte Gitter. durch das die durch den Stein verwundete Bauerntochter ihren Vater ruft, wird wohl ein Gitterfenster gewesen sein.

IV. Das Hausgerät.

Das Bett des Pfeifers, von dem 9d 24 die Rede ist, ist wohl das gemeinsame Ehebett; denn als ihn des verliebten Bertschi wiederholtes Klopfen aus tiefem Schlafe erweckt, wirft er in dem Glauben, dass seine Frau den Lärm verursacht hat, diese vom Bette herunter. Federbetten waren im Gebrauch (vedergwand 18d 29) die man mit Bezügen, dem pettgewant (18d 6), überzog. Das Brautbett (43, 11) kracht und singt den besten Gesang, wie der Dichter sagt, in der Brautnacht. Doch nicht alle schlafen in Betten, denn der Lärm, unter dem die Hochzeitsgäste in der Nacht nach ihrer Ankunft die Dorfstrassen durchziehen, lässt die Dörfler, die auf Heu und Stroh liegen, des nächtlichen Schlafes nicht froh werden (33c 13). Als Ruhelager dient ferner die Bank, die sicherlich ihren Platz in der Stube gehabt hat; wahrscheinlich ist mit der Bank, auf der Bertschi vom Dorfschreiber angetroffen wird (11c 38), die allgemein gebräuchliche Ofenbank gemeint.

Ein Spiegelglas*), in dem die verliebte Mätzli ihre Traumbilder zu sehen glaubt, ist der einzige Zimmerschmuck und das einzige Mobiliar, über das der Ring berichtet. Besser unterrichtet sind wir über Geschirr und Kochgeräte. Ein Waschbecken (34d 15) wird bei der Hochzeitsfeier zum Waschen der Hände herbeigebracht, aber keinem der Diener fällt es ein dazu ein Handtuch (zwähel 34d 24, hanttuoch 36, 9) zu reichen. Ebenso fehlt es an Messern (34c 36), Löffel dagegen sind zur Hand (35c 33). Zu Getränken wird ein Eimer (37, 37 = vas 37b 3 = chübel 37b 9) benutzt; einen chruog (36b 30) und ein schenchfas erblicken wir unter dem Tafelgerät. Die Suppe wird in einer Schüssel aufge-

---

*) Schultz I, 231.

tragen (34c 18), statt der Kelle nehmen einige die Hände
(35c 35). Unter den Geschenken, die dem jungen Ehepaare
überreicht werden, findet sich Hausgerät in Menge: Topf,
Essigkrug, Korb, Sieb, Deckel eines Salzfasses, Schüsseln,
Teller, Leuchter, Gabeln, Rechen, Löffel 34b 38 flg.), selbst
ein Besenstiel (34b 37). Häl*) (der Haken, an dem der Kessel
hängt) und Kessel werden aus Fritzens Küche erwähnt (10d 20)
Salz und wädel**) haben die Diener zu bringen vergessen.
Haspel (34b 33), Spindel, Wierte***) (34b 24) und Nadeln
sind nützliche Gebrauchsgegenstände für die Beschäftigung
der jungen Hausfrau; selbst Feuerzeug und Windeln werden
ihr geschenkt.

V. Hausarbeit; Stellung der Frau.

Das Walten der Frau in Küche und Haus (32c 5)
bringt vielerlei Arbeit und Mühen mit sich: kochen, nähen,
spinnen und färben (31d 31 flg.). Die Pflege der Kinder
(windel waschen, kinder paden 20, 34) liegt in ihrer Hand.
Eine gute Hausfrau ziert es, ihr Kind selbst zu nähren
(21b 39). Wohlhabende Leute halten sich eine Amme†), die
recht viel isst und trinkt und ihre Unmässigkeit auf das
ihr anvertraute Kind schiebt (20, 35). Dass mit diesen Be-
schäftigungen die Mühen der Frauen nicht erschöpft sind,
geht daraus hervor, dass Mätzli im Stalle die Kühe melkt
(10b 29), und man wird mit der Annahme, dass Frau und
Töchter des Bauern, wenn es erforderlich war, auch bei Feld-
arbeit sich behilflich zeigten, von der Wahrheit nicht ab-
weichen. Trotzdem ist die Stellung der Frau nicht unter-
geordnet: den Wert eines tüchtigen Weibes, das dem Haus-
herrn thätig zur Seite steht, weiss der Bauer gut zu würdigen
18b 37) und die Worte: die gruntfest ist ein bider weib
(21c 35) erkennt er als nur allzuwahr. Die Plage und

*) Vgl. Schultz I, 55: hobeln.
**) Schultz I, 225, 227.
***) Lexer III, 934 u. Müller-Zarncke III, 751a.
†) Schultz I, 149.

Missverhältnisse dagegen, die ein böses Weib erregt, schildert derselbe Lappenhäuser treffend: besser der Tod als ein solches Weib 18, 37 flg.).

Nicht das Weib, sondern der Mann soll die Herrschaft im Hause führen (31b 21), dabei aber Weib und Kindern liebende Sorge angedeihen lassen. Eine schlechte Ausnahme macht Fritz mit seiner Tochter: er stösst sie und sperrt sie vor Ingrimm in den Speicher 11, 23). Knechte und Mägde sollen gut behandelt, in Schranken gehalten und nach Verdienst belohnt werden (32, 10).

VI. Hochzeitsgebräuche.

Über die Ehe im Allgemeinen vernehmen wir aus dem Munde der Bauern meist richtige Ansichten. Einer erklärt sie für ein Geschäft, bei dem man den gekauften Gegenstand leider erst nachher genau erkennt und beurteilen lernt, wenn man ihn an sich gebracht hat (18c 3), ein anderer hält die Wahl einer Armen für verkehrt (19b 19), ihm widersprechend lobt eine Bäurin die Liebesheirat und die in der Aussicht auf das Geld der Braut geschlossene Ehe verwirft sie (22c 45). Eine Liebesheirat schliessen Bertschi und Mätzli. Er will die Geliebte um jeden Preis erringen und als Frau heimführen und beruft deshalb eine Menge von Freunden und Bekannten zu sich, um ihre Meinung über seine beabsichtigte Eheschliessung zu hören Nach einer fast endlosen Zahl von Reden und Gegenreden, von Ermunterungen und Abmahnungen giebt der Dorfschreiber den Ausschlag und rät zur Ehe (17c 35—22c 9). Zwei aus der Versammlung, deren einer der Schreiber ist, werden nun als Werber zum Vater der Auserkorenen entsendet, an den sie ihren Auftrag in der Taberne beim Weine ausrichten. Voll Freude trinkt er ihnen St. Johannis Segen zu (22d 37; vgl. Weinhold, Deutsche Frauen² I, 383) und trennt sich von den Werbern. Auch er hält mit seinen Verwandten eine Beratung des wichtigen Vorhabens ab; zwei aus ihrer Mitte werden zum Schreiber entsendet, damit er mit Bertschi komme. Nun dehnt sich die Sitzung

lang aus. Der zukünftige Schwiegersohn muss seine Kennt-
nisse des kirchlichen Glaubens, des Vaterunsers und des
Avemaria's auskramen, die Beichtformel, die er nicht kennt,
erlernen und eine wahre Flut von Lehren über Ehestand,
Häuslichkeit, Gesundheit, Klugheit u. s. w. geduldig über
sich ergehen lassen. Nachdem er versprochen hat den
erteilten Lehren gemäss handeln zu wollen, wird das Mädchen
herbeigeholt.

Nun geht der förmliche Verlobungsakt*) vor sich
Ochsenkropf, einer aus des Brautvaters Verwandtschaft, fragt
zuerst den jungen Bauernburschen Bertschi: wilt du Mäczen
zuo der ee (32d 24). Als dieser, der sich vor Freude kaum auf
den Beinen halten kann, mit Mühe sein zustimmendes Ja
herausgebracht hat, richtet der Alte, der hier Priesterstelle
vertritt, die gleiche Frage an das Mädchen. Auf den Rat,
den ihr unterwegs die zu ihr entsendeten Frauen gegeben
haben, gebärdet sie sich anfangs abweisend und widerspenstig
(denn sich zu weigern und zu sträuben, meinten jene, sei
ehrenvoll), willigt aber auf Mahnen ihres Vaters sogleich
ein und spricht gleichfalls ihr: Ja. So wird nach der beider-
seits erfolgten Zustimmung die Ehe ohne Geistlichkeit ge-
schlossen: die eegeschaffen an schuler und an phaffen
(33, 7—9). Zur Bekräftigung und als äusseres Zeichen des
Bundes steckt Bertschi seiner Verlobten einen bleiernen, über-
zinnten Ring an die Hand, dessen Stein ein mit Harz um-
schmolzerner Saphir aus Glas ist und dessen Schmuck zwei
Perlen aus Fischaugen bilden (33c 10flg.). Ihrer Freude
über die Verbindung geben die Anwesenden sonderbaren,
empfindlichen Ausdruck: sie rennen Bertschi an, stossen ihn,
zerraufen ihm Bart und Kopfhaar und wünschen dem Paare
dabei Glück und Heil. Die frohe Kunde verbreitet sich
schnell in die Umgegend; wunderbar rasch sammeln sich
im Dorfe Lappenhausen Gäste an, die lärmend während der
Nacht die Dorfstrassen durchziehen. Am frühen Morgen
weckt der Spielmann durch die Töne seines Beckens: die

*) Schultz I. 622 flg. u. 652 ff. Weinhold, Die Deutschen Frauen² I. 368ff.

Männer und Jünglinge gehen zum Bräutigam, die Frauen
und Mädchen gehen zur Braut. Sobald die Glocke zum
Beginn der Messe geläutet wird, ordnet sich der Brautzug
zum Kirchgange*). Nach Beendigung der Messe folgt die
kirchliche Einsegnung des Paares. Gemäss seiner Ver-
pflichtung richtet der Pfarrer an die Anwesenden die Frage,
ob einer von ihnen Einspruch erheben könne gegen die Gültig-
keit der Ehe. Daraufhin tritt auf einen Stab gestützt ein
altes Weib hervor, das Bertschi der Treulosigkeit beschuldigt,
weil er ihr vor Jahresfrist das Eheversprechen gegeben hat.
Unter allgemeinem Gelächter wird die Alte in nicht gerade
zarter Weise verhöhnt; dann wird das Paar eingesegnet und
der Zug setzt sich wieder in Bewegung. Nach der Ankunft
vor der Hausthür setzt sich das junge Paar nach des Dorfes
Sitte nieder und empfängt den Segen Fritzens, des Braut-
vaters, der als Heimsteuer 7 Hennen und einen Hahn, einen
Strohsack und einen Kittel zu geben verspricht (34. 24flg).
Die Hochzeitsgäste überreichen zum Teil recht sonderbare
und lächerliche, zum Teil nützliche Geschenke, dann aber
verlangen sie gierig den Beginn des Hochzeitsmahles, das
in Bertschis Hause stattfindet (40c 9). Beim Mahle treten
Eckel erregende Scenen voll Roheit und Unschicklichkeit zu
Tage. Über die beim Mahle gereichten Speisen und Getränke
siehe Seite: 50

An die rohe Esserei schliesst sich der Tanz auf der
Wiese, bei dem es wiederum an Ausgelassenheit, bäurischer
Derbheit und Ungezwungenheit nicht fehlt. (Die Tänze sind
behandelt Seite 52).

Die immer hungrigen Gäste stärken sich dann von
neuem durch ein Nachtmahl, nachdem sich alle ermüdet von
des Tages Last und Mühe zur Ruhe begeben.

In der Brautnacht ruft der junge Ehemann vor Durst
nach Wasser; man bringt ihm statt dessen eine stärkende
Weinsuppe. Dann geniesst er die Wonne der Brautnacht.
Die aus Nissingen angekommenen Mädchen lassen sich an

---

* Weinhold I, 379. Schultz I, 629 u. 636.

einem Manne nicht genügen; eine hat in dieser Nacht 4, eine
andere 7. eine dritte sogar acht. Am Morgen weckt der
Wächter von der Zinne herab mit einem Weckliede die
liebenden Paare und bald nahen sich die Gäste unter Pfeifen-
lärm dem Hause und beglückwünschen wiederum das Paar.
Die üblichen Fragen nach der verbrachten Brautnacht bleiben
selbstverständlich nicht aus. Vor Freude darüber, dass
Mätzli noch eine Jungfrau war nach seiner allerdings irrigen
Meinung, schenkt Bertschi ihr ein Paar Schuhe als Morgen-
gabe (43c 23). Doch nicht alle sind mit dem Ausgange der
Hochzeit zufrieden. Ein aus übermütiger Neckerei und
wollüstigen Gefühlen zwischen einem Nissinger und einem
Lappenhauser entstandener Zwist führt zu einer grossen
Schlägerei. deren Nachspiel ein regelrechter Krieg zwischen
den beiden Dörfern wird. der den dritten Teil von Witten-
weiler's Dichtung ausmacht.

VII. a) Trachten.

Als Stoffe für die Kälte empfiehlt der Arzt Seide. Leinen
und Baumwolle (26d 26). Die Kleidung der Männer setzt
sich aus verschiedenen Bekleidungsstücken zusammen, die
einzeln erwähnt sind, aber nicht in der Ausführlichkeit,
dass ein sicheres Urteil über ihre Verwendung möglich
erscheint. Die bruoch (10, 14; auch niderwat 10, 16 genannt)
ist das Beinkleid; Bertschi trägt (36b 1 flg.) nur dieses allein.
Der Schreiber zieht sie in aller Hast nicht an, da der ver-
liebte Bertschi ihn zur Eile drängt (10, 16). An diese
bruoch wird ein sekel (oder pautel 28, 16 u. 20) gebunden.
der zur Aufbewahrung des zu Ausgängen mitgenommenen
Geldes dient (10, 5). So erklärt sich sehr leicht die von
A. Schultz: Das höfische Leben 1. 292 ausgesprochene Un-
klarheit des Begriffes bruochsekel. Wo sich die 31c 9 er-
wähnte Tasche befand oder ob sie mit dem sekel identisch

ist, lässt die Stelle unklar. Die männlichen Hochzeitsgäste
tragen ein Wamms, rote Hosen und einen Hut (33b 38); als
Fussbekleidung haben sie Stiefel (36, 7).

Über Frauentracht erfahren wir gleich wenig. Spa-
nische Weiber tragen Leinlaken, die an der Achsel zuge-
knöpft werden (18d 32). Die zur Hochzeit anwesenden
Mädchen sind geschmückt mit weissen Kitteln, einer durch
Blumen verzierten Kopfbedeckung (schäppel)*) und mit
Schuhen (33b 44 flg.). Der Verschluss der Kleider wird durch
Knöpfe und Nesteln hergestellt; im Gedränge des Tanzes
brechen viele (39c 3). Als Schmuckgegenstand tragen die
Dorfschönen beim Tanze einen in einer Kapsel verwahrten
Spiegel; eine von ihnen fällt und zerbricht ihn dabei**)
(38c 9). Die Pflege des Haares befördern Salben und Bürsten,
wie wir bei der Braut sehen, ehe sie dem Bräutigam zuge-
führt wird (32d 7): sie trägt ihr Haar in Zöpfen geflochten
(11, 15).

b) Kriegsrüstung, Waffen, Kriegsmaschinen.

Die Kämpfer reiten auf Pferden, in deren Sättel sie
sich mittelst Steigbügel (stegrayff 50, 32) schwingen. Die
im Turnier von den jungen Bauern geführten Wappen sind
ein treffendes Zeugnis für die lächerliche Art, in der sie
ritterliche Gebräuche annehmen und für sich umändern. Der
Held der Erzählung führt im Wappen zwei Mistgabeln, ein
anderer einen toten Hasen in grünem Felde, ein dritter 2
hölzerne Haken, wie sie zum Fangen der Äste beim Kirschen-
langen gebräuchlich sind, dieser einen Rechen, jener drei
Fliegen in einem Glase u. s. w. (2b 23 flg.). Ihre Helme be-
stehen aus Korbgeflecht (2c 37), als Schilde führen sie Wannen
(2d 3); ihre Kleidung bilden Loden, die mit Heu und Stroh
zur Milderung der Stösse ausgestopft sind, die Beine haben
sie vorsichtiger Weise mit Baumrinde umwickelt (2d 7). Saum-
sättel mit Decken belegt haben am Sattelbogen Riemen, mit

---

*) Schultz I, 236, 312; Weinhold II. 317.
**) Sievers Beitr. IV, 567.

denen sich die Reiter befestigen. Ihre Speere sind Ofen-
krücken (2d 14); Messer (7d 38) und Kolben aus Stroh ver-
fertigt (8,38) vervollständigen ihre Bewaffnung zum Turnier.

Im Kriege zwischen den beiden Dörfern kommen
Spiesse. Schwingen und Stangen zur Anwendung. Die Schwyzer
führen scharfe Helmbarden, im Wappen einen Milchkübel.
Die Bewaffnung der Zwerge. Riesen, Recken, des wilden
Mannes und der Hexen gehört in das Kapitel vom Aber-
glauben (s. Seite 55). Der Gebrauch der neuen Schiesswaffen,
der Büchsen ergiebt sich aus 57b 32; doch können die Krieger
die neuen Waffen bei der Belagerung Bertschis nicht verwerten.
weil es ihnen am Pulver fehlt. Allerlei Belagerungswerkzeuge
werden herbeigeschafft als Leitern, Mäntel*). Pleiden**), Katze***)
(57, 22); aber auch mittelst dieser gelingt es den Belagerern
nicht den feigen Bauernjunker in ihre Gewalt zu bringen.

c) Speisen und Getränke.

Das Essen der Bauern ist für gewöhnlich von jeher
einfach, aber kräftig gewesen. Fritz isst mit seinen Kindern
am Feuer Rüben (10d 12). Fleisch und Fische gehören nach
des einen Bauern Äusserung auf den Tisch der Landleute,
andere sind entgegengesetzter Meinung: Fische sind eine
Herrenspeise 19, 9). Zu Mittag werden Hirse, Kraut, Bohnen,
Erbsen, Linsen (3ic 15) häufige Gerichte gewesen sein, die
man schmälzte†). Zur kalten Küche gehören Schinken
(bache 6b 35; 37, 8. Würste (37, 8) und Eier (bestehend aus
totter und clar oder waych 37c 7—8), die man zu Brot isst,
das nach Belieben aus Gerste, Hafer oder Roggen gebacken
wird (34c 38)††). Bei den Speisenregeln wird Käse nach
Fleisch und Nüsse nach Fischen als erforderlich hervorge-
hoben (27b 29)†††. Besonders interessant ist es die beim

---

*) Schultz II. 417.
**) „ II, 380 flg.
***) „ II. 406 u. 409.
†) „ I. 382.
††) „ I, 395.
†††) „ I, 396 flg.

Hochzeitsmahle vertilgten Gerichte zu überblicken. Zuerst
wird in Schüsseln eine Suppe aufgetragen, die näher als
Brodsuppe charakterisiert werden muss (34c 26). Die hierauf
gereichten Äpfel, Birnen, Nüsse und Käse (35, 12) scheinen
dazu bestimmt gewesen zu sein den Magen auf die folgenden
Genüsse vorzubereiten: ein Eselbraten, den die hungrigen
Gäste als edles Wildpret ansehen (35b 33), Kraut mit Speck
und Grieben belegt und Fische sind die drei Hauptgänge
des leckeren Mahles. Auf Verlangen werden noch gebratene
Eier gebracht, mit denen arge Rohheiten verübt werden. Als
Nachtisch*) schliesslich giebt es Kirschen, Weinbeeren, Feigen
und Kriechen**) (37d 26).

Es kann nicht Wunder nehmen, dass zu dieser Menge
von Speisen die entsprechenden Quantitäten von Getränken***)
vertilgt werden. Most (35, 38), Apfelwein (35b 30 öpfel-
gtrank), Schlehenwasser, saure Milch, und als der Durst
immer noch nicht gelöscht ist, Wasser folgen aufeinander.
Bier, Meth und Wein werden beim Mahle nicht besonders
genannt, scheinen aber gleichwohl sonst nicht so selten
genossene Getränke gewesen zu sein, denn der liebeskranke
Bertschi stärkt sich durch sie, um bei Kräften zu bleiben
(11c 26). Dem Pfeifer verpricht er Bier mit der Flasche
zugleich, also wohl sogenanntes Füllbier (10, 18). Ich glaube
jedoch, dass die drei genannten Getränke Bier, Meth und
Wein, obwohl nichts davon verlautet, dass sie zum Mahle
gebracht wurden, doch nicht gefehlt haben.

Zwei Angaben finden sich dann noch über die Ver-
pflegung der Kriegstruppen. Der Bürgermeister von Nis-
singen ordnet an, dass den Mannschaften vor dem Auszuge
Brot und Schweinefleisch und dazu Rotwein gereicht werde
(49, 33 und dass sie am andern Morgen, nachdem sie die
Nacht im Freien unter Zelten zugebracht haben, Eier und
ein Glas guten Weines zur Stärkung für die Fortsetzung des
Kampfes erhalten.

*) Schultz I. 397.
**) Grimm V, 2205.
***) Schultz I, 402 flg.

VIII. Geselligkeit und Zucht.
1 Bauerntänze*).

Nach der Melodie des Spielmannes tanzt Ofenstek mit Frau Juczen, deren Hand er gefasst hat, voran als Vortänzer; die übrigen folgen paarweise ihrem Beispiele (38b 20). Da der Pfeifer bald ermüdet, wird gesungen und nach dem Takt des Liedes getanzt (38c 37) und zwar abwechselnd auf einem Beine, bis der Spielmann seine Thätigkeit von neuem aufnimmt. Sie tanzen nun wiederum mit einem vorspringer (39,3) zu Paaren, bis sie schwindlig werden. Nachdem sich die Gäste einen kurzen Schlaf gegönnt haben, singt der Pfeifer ein Lied; er nennt darin ein Paar aus der Menge der Anwesenden, das dann zusammentanzt (s. oben S. 22). Einige wünschen dass er alte Lieder spielen soll, der junge Ehemann wünscht eins nach der neuen Sitte (die alte ee-die neuwe sitt 39b 1 flg.). Bei diesen Bemerkungen kann man wohl an alte und neue Tanzmelodien denken. Der Zwist wird so entschieden, dass wieder ein Paar vortanzt (vor hofieren 39b 13), dem das Brautpaar und dann die übrigen nachtanzen. Hier zeigt sich so recht die Lust der Bauern und ihre Tanzart. Sie springen hoch empor und schwingen in ihren Armen die Mädchen, oft zu einer solchen Höhe, dass man ihnen bis zum Knie sehen kann. Her Troll singt noch ein Tanzlied und kurz darauf ist der Tanz vorbei; Zwist und Schlägerei treten an seine Stelle.

2) Das Turnier**).

Der Kampfplatz ist ein Plan, eine Wiese vor dem Dorfe (2b 17), wo 12 Lappenhäuser Jünglinge ihre höfische Fertigkeit im Kampfspiel zeigen. Zuerst fordern sie die neugierigen Zuschauer vergeblich auf einen Speer mit ihnen zu brechen und beschliessen darauf unter einander zu turnieren; Neythart

---

*) vgl. Schultz 1, 544 flg. Weinhold II. 163.
**) vgl. Schultz II, 106 flg.

wirft sie alle. Auf den Vorschlag des einen Jünglings
kämpfen sie gegen diesen. Zum Scheine wendet er sich zur
Flucht, eifrig stürzen sie ihm nach; bei dieser Verfolgung
fallen sich zwei zu Tode, die übrigen bitten um Verzeihung
und Gnade und müssen dem Bauernfeinde Neythart zur
Beichte sitzen. Nach deren Beendigung teilt er die turnier-
lustigen Bauern in 2 Teile zu je 4 Kämpfen (7b1), aus denen
er je einen zu zaumern (7b40, vielleicht gaumern?) wählt.
Ordnung zu halten und die Fliehenden an ihrem Vorhaben
zu hindern scheint ihr Auftrag zu sein. Zum Beginn des
neuen Turniers werden die Glocken geläutet (8, 20). Endlich
bildet ein Nachturnier und ein Kampf zwischen Eseln und
Pferden den Abschluss des Kampfspieles. Als alles sein
Ende erreicht hat, werden die Zäune und Schrenkbäume,
welche die Zuschauer vom eigentlichen Platze fern hielten,
sowie die Brücke, ein Zuschauergerüst, niedergerissen und
weggeschleppt. Von diesem Gerüst fällt während des Schau-
spieles eine Frau vor Lachen so unglücklich herunter, dass
sie auf der Stelle stirbt (9, 33—36).

Einige Kriegsgebräuche mögen hier angefügt werden.
Ein Bote, der Messner, mit Schwert, rosenfarbenem Tuch
und blutrot gefärbten Handschuhen ausgerüstet, kündigt in
Nissingen die Fehdeabsicht der Lappenhäuser an (46, 3). Er
bittet sie Handschuhe und Schwert anzunehmen 46, 20).
Die Nissinger verweigern die Annahme und drohen mit ihren
eigenen Schwertern den Feinden blutiges Verderben (46, 53).
Zwei Vorschriften für den Reiter verdienen Beachtung. Die
Steigbügel müssen so gestellt sein, dass sich der Reiter, um
den Raum, den eine unter ihn gelegte Kugel einnimmt, in
die Höhe heben kann (50, 31) und beim Gebrauche des
Speeres muss ein Bügel eine halbe Spange länger sein als
der andere (50, 41).

3) Öffentliches Leben.

Zur Pflege des Körpers gab es öffentliche Badeein-
richtungen; eine Blase giebt das Zeichen, dass das Dampf-
bad bereit ist*). Bekannt waren in Lappenhausen solche

*) Schultz I. 227.

Einrichtungen sicher, denn als Gunterfay durch sein Ständchen die Leute erweckt, sind sie in dem Glauben, dass zum Anfang des Bades geblasen worden sei (10, 35 flg.). Man darf daher annehmen, dass auch in Lappenhausen sich eine Badeeinrichtung für den öffentlichen Verkehr befunden habe.

Boten, auch Frauen übermitteln Sendungen; einer solchen giebt Bertschi Trinkgeld (17, 41); sie wird riffiänin und zementragerin genannt 17 b 5 u. 9). Der Bote, welcher in Lappenhausen den Krieg ankündigt, erhält als Botenlohn einen Esel, auf dem er vergnügt heimreitet*).

Der Verkehr auf weite Entfernungen wird zu Wagen (6c 41), zu Schlitten vom Gebirg herab (6d 29) und zu Pferd oder Esel bewerkstelligt (33b 36). Einige Masse lernen wir aus dem Ringe kennen. Spangen (4c 14) und rast (5d 19) sind aus dem Gedicht nicht zu bestimmende Strecken. Die Streiche der Recken und Riesen ertönen sieben Meilen weit 54b 11). Vom Kampfplatze erhebt sich eine Rauchwolke, die sich eine Strecke einer halben Meile ausdehnt (54b 13). — Ein vierding Salz (29d 12) ist wohl ein Viertel Pfund.

Umgangsformen werden nur kurz gestreift. Der eitle Bertschi lässt sich Junker nennen (2, 8). Das „Duzen" seitens des Pfeiters Gunterfay beleidigt ihn, doch macht dieser sein Versehen sofort wieder gut, als er erkennt, wer ihn aus dem Schlafe herausgeklopft hat und redet ihn nun mit ir an 9d 29).

4 Bildung; Religion.

Die Kunst des Schreibens und Lesens ist nur eine Errungenschaft der besseren Stände, nicht des gewöhnlichen Durchschnittsbauern**). Weder Bertschi noch seine Geliebte verstehen die nützliche Kunst. Er lässt seinen Liebesbrief vom Dorfschreiber zu Papier bringen (12d 27) und von ihm die Antwort Mätzlis sich vorlesen. Diese bereut ihre Faulheit in der Jugend, als sie des Geliebten Brief erhält, lässt ihn sich vom Arzt vorlesen und auch die Antwort schreiben. (14, 11).

*) Schultz I, 177.
**) Schultz I, 160; Weinhold I, 128 ff.

Der Dorfschreiber ist ein gebildeter Mann, der viele
Bücher gelesen hat, und seiner Ausschlag gebenden Ansicht
über den Eheplan folgt die ganze Sippe. Der Unterricht
in der Schrift für die Söhne wird Bertschi besonders
empfohlen (32, 6). Der Bürgermeister von Nissingen ist sogar
rechtskundig: er schlägt in Büchern nach, als die Frage auf
die Zugehörigkeit der Kriegsgefangenen kommt 51, 10) und
giebt aus ihnen Bescheid. Höhnisch wird beim Turnier ein
Dorfgeselle ein guter Jurist genannt, weil er über die Not-
wendigkeit eines Geistlichen bei der Taufe spricht (3c 35).
Dagegen zeigt sich Bertschi ziemlich vertraut mit den
kirchlichen Lehren. Das Paternoster, Avemaria und den
Glauben weiss er fehlerlos vorzusprechen, nur die Beicht-
formel kennt er nicht. Frömmigkeit und Glaube hält Lären-
choph überhaupt für erforderlich für jeden tüchtigen Mann
(23b 13). Zwei kirchliche Bräuche werden passend erwähnt:
Beim Gang zur Messe wird ein Pfenning geopfert (33c 36)
und dem Pfarrer gebührt der Zehnte (44d 33).

Der Glaube an die Dreifaltigkeit Gottes (25, 12), die
Gebote, Werke der Barmherzigkeit, Fastensatzungen werden
Bertschi vor der Ehe gründlich eingeschärft. Christliche
Gesinnung äussert der Constanzer Ammann, der es für jedes
Pflicht erklärt einem Christen in der Not zu helfen (47b 1).
Beichte und Busse spielen öfter im Gedicht eine Rolle (6d 16),
das trotz seiner Masse an Frivolitäten oft genug eine reli-
giöse Gesinnung des Dichters durchblicken lässt.

5. Aberglaube.

Der Aberglaube des Volkes spiegelt sich in dem Auf-
treten verschiedenartiger sagenhafter Wesen wieder. Die
Hexen vom Heuberg unter Frau Hächel's Leitung kommen
auf Ziegen einhergeritten (47d 28) und führen Bürsten und
Salbbüchsen. Ihre Zauberkraft beweist Hächel dem Laurin
gegenüber. Sie speit ihm in's Gesicht, so dass Blattern
grösser als ein Schneckenhaus aus den Wangen hervor-
wachsen (53, 4). Die Zwerge unter Laurin sitzen auf Rehen:

ihr Wappen ist ein gekrönter Löwe (48, 8). Die Riesen sind
mit 7 Schritten in Lappenhausen; ihre Waffen sind eiserne
Speere. Die Recken gehören der Heldensage an. Auch der
wilde Mann, auf einem Hirsche reitend und mit einem Kolben
bewaffnet, erscheint in den Heldensagen und Ritterromanen
öfter.

Der volkstümliche Aberglaube, der sich einen Teufel
existierend denkt, giebt sich in Ausrufen zu erkennen: der
tiefel müss sein phlegen 4c 28, 6d 24, 8d 7 u. 17; wet der
tiefel 14d 3, 53b 3; wohl dasselbe wie wetter zieggel 17d 4;
woy daz dich der tiefel schend 10c 36

6. Sitte und Sittlichkeit.

Die Sittenlosigkeit seiner Zeit schildert uns Witten-
weiler mit vielen Übertreibungen, die aber so leicht erkennbar
sind, dass die Wahrheit der Schilderungen überall in die
Augen springt.

Das sittliche Bewusstsein und Ehrgefühl Mätzli's ist
nur schwach. In ihrer Antwort auf den Brief des Geliebten
bittet sie ihn die Nacht zu ihr in's Haus des Arztes zu
kommen und verspricht ihm zu Willen zu sein (14b 2). Der
Arzt erkennt sofort ihre Schwäche und mühelos macht er
sie sich gefügig. Höchst unschicklich dankt sie dem Geliebten
für das nächtliche Ständchen (10, 30). Wenn da der Schreiber
diesem empfiehlt: grayff ir leysleich an daz chläid!
(12c 44), so ist ein solcher Wink nur erklärlich. Am
grellsten zeigt sich die Entsittlichung in der Tischzucht.
Mit ungewaschenen Händen eilen die Gäste zu den Tischen
bis auf zwei; doch deren Reinlichkeitssinn hat einen guten
Grund: sie sind aus Eile in den Schmutz gefallen und halten
es nun für angebracht ihre Hände zu waschen 34d 3). Der
Diener bringt Obst und Käse in den Händen (35, 23). Als
das Kraut gereicht wird, fühlen einige das Bedürfnis sich
eines Löffels zu bedienen, die Mehrzahl fährt mit den Händen
hinein (35c 35) Speisereste wischen sie vergnügt an Stiefeln
und Kleidung 36, 7). Das Benehmen der Diener ist wunder-
bar frech. Als der Bräutigam ihre Lässigkeit gewahrt,

rauft er einem von ihnen den Bart. Schnell eilen die andern
Diener herbei, werfen jenen zu Boden, entblössen ihn, be-
giessen ihn mit Wasser, greifen ihn dann wieder bei den
Beinen und stossen ihn unsanft gegen einen Baum (36,42).
Verschiedene Scenen sind so derb, dass sie der Beschreibung
spotten; es mögen zwei Stellen als Beispiele genügen: 37, 1;
38, 31. Ein ganz ungünstiges Zeichen für die sittlichen Zu-
stände der Zeit ist das allgemeine Beilager nach der Hochzeit;
die Nissinger Mädchen zeichnen sich durch ihre Wollust und
Unmässigkeit aus.

IX. Personennamen.

Ein grosser Teil der Namen der vielen benannt auf-
tretenden Personen verdankt sein Dasein der Erfindungsgabe
des Dichters. Diese mögen hier nach der Art ihrer Bildung
gruppiert und geordnet werden.

1) Imperativisch gebildete; a) Verbalform mit
abhängigem Objekt: Füllenmagen 23b 37. Fülczan 49b 38.
Hafenschlek 17c 1, Lärenchopf 22d 45, Laichdenman 17c 13.
Lekdenspiss 2c 24. Nagenflek 17c 1, Richteinschand 23. 4,
Rüreumost 17b 42, Rürenzumph 2, 21, Schabenloch 33b 22.
Schinddennak 33b 6, Schürenprand 23, 3. Syertdasland 23. 4.
Schlinddenspek 17c 2.
b) mit präpositionalem Ausdruck: Vallinstro 33b 25.
Farindkuo 17b 40, Varindwand 33b 30. Grabinsgaden 2c 20.
Gugginsnest 33b 9, Nimindhand 23, 3. Reuschindhell 36c 14,
Saichinkruog 22d 48. Schenbinsak 33b 7. Schleyssindpluomen
18. 13, Spöczinnkübel 57b 15.
c) mit adverbialer Bestimmung: Trinkavil 2c 16.
2) Zweiteilige Compositionen verschiedener Art:
Colman 17c 3, Deupenpayn 41, 28. Erenfluoch 17c 10. Esel-
pagg 41, 20, Eysengreyn 2c 8, Fladenranft 40c 43, Flengen-
schäyss 43c 45, Völlipruoch 17c 9. Fuczenpart 43c 45, Gaggsi-
machs 43c 41, Galgenswanch 33b 4. Gunterfay 2d 35. Helle-

gayst 43c 43. Harnstain 33b 11. Künchelstil 43c 44. Laster-
sack 22d 46, Leugafruo 23. 2. Nabelreiber 11c 35. Niemans-
knecht 43c 41, Ochsenchroph 22d 44. Ochsenchäys 43c 44,
Ofenstek 17c 2. Pfefferräyss 33b 17, Pachenfläsch 41, 14,
Paggenzan 49b 23. Palstersak 33b 21. Rindtäysch 41, 15,
Spiegelnäs 35, 23. Storchenpayn 33b 10. Triefnas 2. 8, Tyra-
wätsch 51d 37. — Rochunsauber 37. 25. Ubelgsmach 27d 38.
Ungemäss 33b 16.

3) Masculinische Bildungen auf —i. femininische auf
—in und —eyne: Fesafögelli 17b 43. Snellagödelli 17b 44,
-- Gnepferin 33b 19. Wasserschepferin 33b 18; Feyna 17c 12
(= Fina 19b 25). Snatereina und Toreleyne 17c 11.

4 Eigennamen mit bestimmten Endsilben:
a) Burkhart 2c 12. Lyenhart 43d 2. (Neythart 2c 31),
Popphart 33b 34.

b) Gumprecht 43c 43. Ruoprecht 43c 40.

c) Dietreych 33b 8, Pütreich 41. 19. Wütreich 41. 18.

d) Pylvan 43d 1. Ryffyan 43c 46.

e) Hüdel 33b 31. Kegel 43d 3. Schlegel 43d 3, Strudel 41.12.

f) Grämpler 43c 42. Höseller 43d 4. Luodrer 41, 18,
Marnär 41, 19.

g) Chunezo 2b 29. Friczo 10c 22, Hainczo 2b 37; Arnolt
33b 10. Chriembolt 33b 11, Guggoch 33b 23.

5) Namen ohne sicher erkennbares Bildungs-
princip: Chnouez 2b 25, Chrippenchra 13d 11, Gnäst 43c 42,
Gumpost 17b 41. Häym 51d 38. Hilprand 43c 42, Snegg 41, 16,
Straub 15. 2. Schilawingg 41, 17. Troll 2b 33. Twerg 2c 3,
Uocz 22d 47. Zingg 41. 16.

6) Vornamen: a) männliche: Bertschi 2, 8. Engelmar
17b 40. Gerwig 33b 6. Herman 17b 42. Henricze 11c 35 von
Henricus voc. Henrice). Härtel 22d 48. Egghart 41, 15,
Jansel 17b 44. Jächel 2c 20 u. 33b 29. Jandas 43d 3, Niggel
17b 43, Pencza 2c 16, Rüfli 2c 24. Symon 43d 3.

b) weibliche: Ändel 33b 17, Elsbeth 17c 9, Engeldraud
17c 10. Gredul 33b 16. Lena 33b 25. Mäczli 2. 21, Sophya 33b 26.

Anhang.
Textänderungen.

Der Text unserer Handschrift ist sehr verderbt, an
manchen Stellen dunkel. In der Ausgabe (Vorrede S. IX—XII)
hat Keller eine grosse Anzahl von Verbesserungen und Ver-
mutungen zusammen mit den von Holland angegebenen ver-
öffentlicht. Im folgenden stelle ich eine Reihe notwendiger
Änderungen zusammen für Stellen, deren Fehler und Ver-
derbnis sich leicht berichtigen liessen. Der Textkritik ist
hier noch ein grosses Arbeitsfeld vorbehalten.

2, 5 edler; 2b 12 nach ir sterben wolt (vgl. Hätzlerin
V. 4); 2c 15 Den; 2d 4 gechlayt; 3b 6 ward; 3b 15 hŭob
man in; 3b 22 gewaschen; 3c 7 nie; 3c 21 er; 3d 8 uns
zamen; 3d 23 Der oder Denn; 3d 26/27 Je e — Je mer;
3d 36 aht; 4b 34 in; 4c 6 enphüren; 4d 13 Also schäntleich;
5, 19 es fehlt die Reimzeile auf rimphen; 5b 31 pheyffer;
5c 9 gepärde; 5d 3 Dein; 6c 36 reuwen; 7b 26 und; 7b 28
hilft; 7b 33 wir; 7b 40 gamer?; 7c 13 derbösen; 7d3 schlahin;
7d 9 welt; 8b 21 Der; 8b 23 gast daz wort; 8d 16 waenst;
8d 36 geschach; 9, 37 da s'(ie); 9d 5 zwäin; 10, 40 dhaut;
10c 22 wiez; 10c 32 nach in; 10d 5 deins; 10d 33 geschaiden;
11, 18 Jch bin; 11c 16 ze liebe; 11c 45 arnen; 12, 40
gernochist; 12b 7 Deine red behagt mir nicht; 12b 8 macre;
12b 32 daz du seist; 12c 1 jehen oder sprechen; 12d 3 nicht;
12d 14 Daz du vil; 14b 20 chain; 15d 36 zfluchten; 16b 11
gering; 16c 27 chan; 17b 7 8 wäre: märe; 17d 32 scheiden;
18d 15 Töreleyna sprach; 19, 32 potz!; 19c 25 allen; 19d 3
spricht; 19d 20 daz ich; 20b 7 behüten; 21, 21 suon; 21b 41
ir; 21c 13 eines andern; 22, 9 geküssen; 22, 36 nicht; 23c 26
not; 23d 17 In iedem haus; 24, 8 und den; 24b 25 kans;
24b 42 geredt; 24c 14 nicht; 26c 17 schlecht; 27d 26 nach
und fehlt ein Wort; welches?; 28d 12 gezaem; 28d 28 ver-
treiben; 29, 43 lose; 29b 3 Es wär; 29d 45 und 30, 1 sind
umzustellen;

Die vierd die ist genennet Stät,
Der fünften spricht man Gedultikäyt.

31. 15 tuot; 34c 32 Töpf; 35b 32 nach dem: 35c 36 nach
assend ist sam zu streichen; 35d 38 Etleich; 36c 4 stük;
36c 19 Dich? oder Sich! 37b 17 die: 38, 8 chluog; 38b 31
getanczt; 38b 33 nach ward ist er zu streichen; 39c 42
schand; 40b 34 Er; 40c 4 huob er; 40d 3 Fladenranft; 42b
39 chondte: 43b 17 waren; 43b 43 stunde; 43c 6 zorn;
43c 15 fehlt ein Vers mit dem Reime auf versweygen; 47b 26
Es wär: 47b 37 swär; 47c 42 grosset; 47d 17 häxen (vgl.
Uhland: Schr. VIII, 369 Anm. 2,; 48, 15 schön; 48b 5 übel
48c 10 In der chrinn; 48c 25 Püppel; 48d 21 acht 48d 26
zellet; 49c 28 wayss ich nicht; 49d 6 Mäczendorffer sprach
auch; 50, 5 unverzägt; 50. 19 dein; 50d 18 zwüschen: 51. 9
swär; 51b 13 missetat; 51c 38 einmal ist daz zu streichen;
52c 40 vergass; 52d 19 naigten (vgl. Uhland a. a. O. Anm. 4
u. Germ I. 331); 52d 37 sich tilgen; 53b 40 schol; 53d 29
scholt: 54, 10 päume; 54. 35 Sprach her Egg: 54c 30 klage;
55, 31 unseren; 55. 44 gancz; 55b 6 Und fuor so; 55c 13
not; 55c 30 sieges; 55d 37 schar; 56d 2 hahen; 56d 11 ver-
zagen; 57. 37 füren; 57c 37 stärken amaht.

Vita.

Natus sum Ernestus Adolfus Guilelmus Bleisch Magdeburgi h. s. anni LXVII die XXIV m. Mai patre Adolfo, matre Carlotta de gente Kaesebieter, cuius subita et inexspectata morte quae nuperrime h. a. die XXV m. Mai accidit, summo obrutus sum maerore. Fidem profiteor evangelicam. Primis literarum elementis imbutus h. s. anno LXXVI gymnasium reale Magdeburgense adii. Inde ab anno h. s. LXXVIII usque ad annum LXXXVII gymnasium cathedrale Magdeburgense frequentavi. Examine superato maturitatis testimonio instructus universitatis Halensis philosophorum ordini adscriptus sum. Qua in universitate cum per tria semestria in studia Latina, Graeca, Theodisca, philosophica incubuissem, in Berolinensi per sex menses literis studiisque operam dedi. Unde reversus in universitatem Halensem per quatuor semestria studia ad finem perduxi. Audivi autem lectiones virorum illustrissimorum et clarissimorum Halensium et Berolinensium: Burdach, Dittenberger, v. Gizycki, Haym, Hering, Heydemann(†), Hiller †), Keil, Roediger, Schmidt, Sievers, Uphues, Vaihinger.

Aut proseminariis aut seminariis horum interfui virorum doctorum: Dittenberger, Hiller †), Sievers.

Quibus viris de studiis meis optime meritis, imprimis Eduardo Sievers, ex animi mei sententia gratiam habeo quam maximam.